12

AF277447

USAR A LENIN
UN LENINISMO, CIEN AÑOS DEPUÉS, PARA HOY

Usar a Lenin

Un leninismo, cien años después, para hoy

JESÚS RODRÍGUEZ ROJO

Epílogo de **MARGA FERRÉ**

2024

"Transform! europe is partially financed through a subsidy from the European Parliament. The sole liability rests with the author and the European Parliament is not responsible for any use that may be made of the information contained in this publication."

Transform! Europa se financia parcialmente mediante una subvención del Parlamento Europeo. La responsabilidad exclusiva recae en el autor y el Parlamento Europeo no es responsable del uso que pueda hacerse de la información contenida en esta publicación".

© de la edición, Atrapasueños S.C.A. (una editorial en movimiento desde 1999)
www.libreria-atrapasuenos.com
e-mail: atrapasuenos@gmail.com
tlf contacto: 653 510 310

Todos los derechos reservados de los textos:
Jesús Rodríguez Rojo
Marga Ferré

Portada: Fernando Ramírez de Luis
Maquetación y corrección: Manuel González

ISBN-13: 978-84-128389-6-1
D.L: en trámite
Imprime: Liberis
Hecho en Andalucía, marzo 2024

A toda la clase obrera que,
de Gaza a La Habana, resiste y responde,
hoy y siempre, a la barbarie imperialista.

Contenido:

Presentación:

Pensar como Lenin, practicar el leninismo

Este libro está escrito con motivo del centenario del fallecimiento de Lenin. Pero no solo, y ni siquiera fundamentalmente. La conmemoración de los cien años de la muerte de Lenin puede celebrarse, como reverso, como el aniversario de los cien años de vida del leninismo. De eso hablaremos sobre todo en estas páginas.

El o la lectora motivada encontrará ya un muy amplio catálogo de obras de Lenin o sobre él, y sin contar las muchas que con certeza se editarán a lo largo del presente año. Algunas muy buenas, escritas por especialistas en la materia, otras no tanto, nacidas de quienes quieran surcar la ola de la efeméride. En los diferentes capítulos aquí recogidos no se encontrará un análisis riguroso o sistemático de su pensamiento, ni mucho menos del resto de su acción política. En su lugar, se encontrará algo más arriesgado, aunque confiamos en que más necesario: un reexamen crítico de la tradición política que se inauguró en base a, o a partir de, la figura y pensamiento del revolucionario soviético.

Hay autores que ayudan a pensar, pero también los hay que han ayudado a dejar de hacerlo. Por desgracia, usualmente habría que situar a Lenin en el segundo grupo. Entender el porqué de esto será una tarea a la que nos daremos pormenorizadamente más adelante. Por el momento, y aunque sean odiosas, hagamos una comparación.

Un ejemplo paradigmático de autor que ha sido de ayuda a sus lectores, en nuestra tradición, es Hegel. El filósofo alemán ha sido de mucha utilidad para decenas de revolucionarios, entre los que está el propio Lenin, quien llegó a escribir en sus "cuadernos filosóficos" que sin leerlo y entenderlo resulta imposible seguir a Marx. Frase osada e incisiva a tenor de la dificultad que entraña la obra de Hegel. No obstante, sospechamos que aquello que hace tan complejo es lo que lo hace útil: es el autor de la inmanencia por excelencia, cuya obra difícilmente puede seguirse más que en sus propios términos. Su pensamiento, digámoslo así, está plegado y remendado sobre sí mismo. No hay un afuera. Entrar en la *Fenomenología del espíritu* o la *Ciencia de la lógica* es emprender un tortuoso camino para el que el autor no te brinda alforja alguna. Solo tienes su prosa y a ti mismo para recorrerlo. Eso hace de muchas de sus lecturas sean mucho más una introspección que una aprehensión. Te acabas conociendo a ti mismo más de lo que lo conoces a él. Lo atestiguan las obras que autores de la alcurnia de Marcuse o Lukács le dedican: estas son fabulosas para conocerles a ellos, mucho más que para entender a Hegel.

Lenin, en muchos sentidos, está en las antípodas. Sus trabajos son por lo general muy accesibles. No es casualidad que todavía hoy sus obras, mucho más que las de Marx, sean los libros de cabecera de quienes se responsabilizan de la formación en las organizaciones comunistas. Una militante puede tomar casi cualquiera de sus textos y rápidamente encontrará en él enseñanzas que le resultarán útiles. No necesitará estudiar sus antecedentes o comentaristas para captar la esencia de lo que el líder bolchevique quería expresar. Esto se debe a la que sin duda es la mayor virtud de su obra: incluso cuando no lo explicita, está escrita a razón de una circunstancia y con el objeto de incidir más o menos inmediatamente sobre quien recibe su mensaje. Esto bien podría ser una banalidad, a fin de cuentas, qué texto es separable de su momento o de la intención del autor... Y sin embargo, si hoy recordamos a Lenin como lo hacemos es por su sorprendente capacidad de discernir qué decir y cómo en cada momento. Cuando escribe sobre la estructura de la que debe dotarse el movimiento obrero organizado, pero también cuando explica cuestiones aparentemente más abstractas como el materialismo, está interviniendo con una precisión prácticamente quirúrgica en una discusión importante en su época y lugar.

Este descomunal mérito es altamente susceptible de convertirse en su más grande riesgo. La utilidad de las enseñanzas que todo militante encontrará en el primer texto que tome puede ser, como poco, relativa, cuando no nula o adversa. Fácilmente se contentará con alguna frase o párrafo que le reafirme en cierta convicción, dándole herramientas para atrincherarse en ella. Por eso puede ser un autor útil para dejar de pensar.

Para nuestra desdicha, tampoco es casualidad que aún en nuestros días sea recurrente que en ciertas reuniones se le cite, cual sortilegio, para investir de autoridad un argumento. Escuchar a un compañero —más rara vez compañera— invocar, por poner el caso, un fragmento del *¿Qué hacer?* para justificar una posición referida al último rifirrafe intestino de la organización de turno es una situación que no por esperpéntica deja de ser perfectamente plausible. En el caso de Lenin, este tipo de falacia es singularmente frecuente y particularmente tramposa, pues tan potentes fueron sus textos en su contexto como advenedizos lo son fuera de él. No se trata de pensar como pensó Lenin, simplemente se deja de pensar confiando en que Lenin lo haga por nosotros. Esta es la gran paradoja: ser totalmente fiel a Lenin es el mejor modo de no serle fiel en absoluto.

Por esto, si este libro es sobre Lenin, y así es, lo es de manera subordinada. El foco de nuestro interés no está en su persona o en lo que "realmente" quiso decir cuando dijo lo que dijo. Lo que nos interesa es lo que se ha hecho y se puede hacer tomándolo como referencia: el leninismo. Claro que esto nos exige unas aclaraciones adicionales.

El leninismo tiene en gran medida que ver con lo que dijo Lenin, qué duda cabe. Ya hablaremos de contenidos de su obra, altamente conectados entre sí, que son insoslayables para cualquiera que quiera hacer política revolucionaria. Los temas que decidió abordar y lo que escribió sobre ellos son, no se puede decir de otro modo, cruciales. Pero su influencia va incluso más allá que esto. Aunque herederas y deudoras de la tradición en la que se encontraba, son las formas de Lenin las que se han conculcado a generaciones enteras de luchadores. Algunos hemos aprendido a hablar de política emulándolo, conscientemente o no. Con sus luces y sus sombras. "Revisionista", "filisteo", "renegado", "social-chovinista", "izquierdista"... Los mismos calificativos que salieron de la afilada pluma de

13

Lenin, aquellos que curiosamente han hecho que todavía en nuestros días recordemos a los agraviados, han sido fuente de inspiración y réplica para millones de comunistas en todo el mundo.

Con todo, el leninismo no se restringe a lo que dijo Vladimir Ilich Uliánov. Entre otras cosas porque nuestro revolucionario dijo muchas cosas y no todas congruentes entre sí. Ningún ser humano desarrolla un pensamiento monolítico, ordenable y consistente. Mucho menos uno cuyas prolijas intervenciones estuvieron condicionadas por las cambiantes circunstancias en las que trata de incidir políticamente. Por eso no es raro que el compañero del que hemos hablado pueda encontrar textos que le avalen en una idea o en la diametralmente opuesta. Eso es algo que todo buen (mal) comunista sabe: si buscas lo suficiente, y sobre todo si no tienes miedo a descontextualizar, encontrarás un fragmento para tu empresa. La de hoy, y la de dentro de un mes, cuando sea preciso defender lo contrario de lo que hoy estás diciendo. Como el leninismo se ciñe más a unas cosas que a otras, consideramos pertinente aplicar una distinción entre lo "leniniano", para referirnos a lo relativo a lo que ha escrito Lenin, con toda la complejidad que entraña, y lo "leninista", para traer a colación toda una larga y rica tradición política que tiene como matriz común la inspiración en su figura[1].

El leninismo se dio a conocer poco después de la partida de Lenin. En el que después se llamaría "el gran debate", la autoridad del recién fallecido líder revolucionario se hizo valer en repetidas ocasiones. Líderes como Zinoviev o Stalin no tardaron en publicar sendos textos que ya portaban el término leninismo en su título. Esta nueva "teoría" estaría caracterizada por abordar cuestiones tales como la adaptación del marxismo al momento imperialista, el reconocimiento del papel del partido obrero en ese mismo contexto, la construcción de las alianzas, particularmente con el campesinado, o la estrategia necesaria para la construcción del estado obrero o dictadura del proletariado. Todo ello frente a las diferentes otras corrientes presentes en el seno del bolchevismo. El leninismo nació ha-

---

1.- En el mundo académico está ya más o menos asentada la distinción, en esta misma lógica, entre lo "marxiano" y lo "marxista". En algunos trabajos anteriores se ha sostenido la necesidad de regresar a lo marxiano, particularmente a la crítica de la economía política, si se quiere suscribiendo la fórmula de Buey de un "Marx sin -ismos". Para el caso de Lenin planteamos lo opuesto: es prioritario abordar y rescatar críticamente el leninismo.

ciendo buen honor al modo de actuar de Lenin: como una serie de postulados vinculados entre sí y enmarcados en un debate coyuntural.

Pasado ese conflicto, el leninismo se consolidó, devenido "marxismo-leninismo", como doctrina oficial de la recién creada Unión Soviética, que lo llegó a convertir en materia de necesario estudio en todos los centros de educación superior. En tándem con el materialismo dialéctico —abreviado usualmente como "diamat"—, se convirtió en un decálogo de principios generales o leyes desde las que entender no solo la vida política, prácticamente todo lo habido y por haber. La interpretación conjunta de la obra de Marx, Engels y Lenin (y, según el caso, Stalin, Mao u otro) en no pocas ocasiones llevó aparejada una notable degradación del pensamiento, rico y complejo, de los autores. Desde la mismísima Academia de Ciencias de la URSS se construyó un edificio teórico relativamente rígido, que se difundió por el mundo entero en forma de manuales que editaba directamente el estado soviético. El marxismo-leninismo fue la luz con la que el faro soviético quiso iluminar a los no pocos movimientos políticos que se referenciaban en él. Y así lo hizo. Durante décadas y hasta la fecha los postulados "ML" han servido a muchas causas genuinamente revolucionarias como guía para la comprensión de su realidad. Por ello, qué menos que romper una lanza en favor de un corpus teórico en el que se han reconocido tantos militantes.

Tras el final de la URSS, ni que decir tiene que toda esta doctrina, junto a la tradición que acompañaba, entró en una severa crisis. Para muchos, su crisis final. Si bien es cierto que, especialmente tras la crisis que estalló 2008, ha habido un poderoso intento por recuperar a Marx, Lenin continúa en el olvido. No digamos ya el leninismo.

Este libro debe entenderse como una humilde contribución a recuperar la discusión acerca del leninismo. Un trabajo redactado tratando de ser más claro que preciso, y más provocador que apologeta. Escrito desde la convicción de que flaco favor se le hace a una tradición tan productiva fingiendo que nada ha pasado o echando fuera cada balón dirigido hacia ella. El mayor indicio de defunción de una escuela, corriente o tradición es que se convierta en un remanso de paz, cómodo e incontrovertido. Nadie habla de ella, ni quienes se sienten partícipes ni quienes se ven fuera lo discuten. Es el *rigor mortis*. Para recuperar el leninismo de nada sirve un panegírico, género de discurso más propio de un funeral que de un movimiento vivo y creativo. Es preciso una crítica o, mejor dicho, una autocrítica. Sin caer en la iconoclastia, que de poco ha servido en general a la causa de la clase obrera (o trabajadora), hay que poner al leninismo ante las preguntas incómodas que se han formulado durante todos estos años. Esa es la manera más fiel de recuperar o rendir homenaje a un movimiento que lleva en su nombre el de un polemista de la altura de Lenin.

Aun siendo Lenin el pensador del "análisis concreto de la situación concreta" —como él mismo describió el marxismo—, abordar su legado requiere cierta sistematicidad. Necesitamos poner en relación una serie de temas presentes en su obra y más si cabe entre sus seguidores. La propuesta que traemos parte del análisis del *imperialismo*, de las condiciones más generales de producción capitalistas. Solo con ese punto aclarado se podrá analizar correctamente el siguiente nodo: el *estado*. Tras ello, cuando ya se haya contemplado tanto la dinámica económica general como su expresión política (inter)nacional, podrá llegarse por fin a discutir sobre el *partido*, punto de llegada del análisis.

Confiamos en que, entre estas páginas, la militancia comunista encuentre herramientas para utilizar mejor a Lenin, y así participar mejor de lo mejor de la tradición que inauguró. Es de eso de lo que se trata. De usar a Lenin. No de memorizarlo o repetirlo, como se haría con un catecismo. Tampoco de honrarlo, como si de un entrañable antepasado se tratase. Ni siquiera de estudiarlo, no como se estudia un libro de texto. Para que Lenin nos ayude a pensar, debemos pensar como él pensó, no pensar lo mismo que él pensaba, y la diferencia, aunque sutil, no es menor. No interpretemos a Lenin de esta o aquella manera, usémoslo para transformar el mundo.

I. El imperialismo, mucho más que una teoría

De entre los muchos temas sobre los que Lenin escribió, probablemente sea el imperialismo aquel que más influyente ha resultado. No es para menos. Su libro *El imperialismo, fase superior del capitalismo*, escrito allá por 1916 y publicado solo un año después, es uno de los textos más inteligentes que uno puede leer. A primera vista puede parecer un libro sobre economía, robusto en sus análisis a la vez que accesible (en el fondo no deja de ser un "esbozo popular", subtítulo que Lenin consideró necesario, tal y como le transmitió por carta a su editor). Pero es mucho más que eso. Lo que posiblemente más destaque sea la calibración política del mismo.

En su fantástico libro sobre Lenin, Georg Lukács reconoce algo muy llamativo: en *El imperialismo...* no se aporta prácticamente ninguna novedad destacable en lo referido a la comprensión económica del mundo moderno, tampoco se puede destacar la profundidad de sus desarrollos, y a pesar de todo seguramente sea el análisis más influyente de su tiempo. Su gran virtud, decía el pensador húngaro, fue vincular de manera orgánica y concreta el imperialismo, como fenómeno económico, con los problemas políticos presentes. Es difícil ser más preciso. Esa es la razón por la que su obra sobresalió por encima de la de otros grandes líderes e intelectuales de la socialdemocracia del momento como Hilferding, Luxemburg o Bujarin, teniendo ellos una formación económica más profunda que la suya. Lo que en modo alguno significa que Lenin fuera profano en la materia, al contrario, solo alguien que antes de cumplir los treinta hubiera escrito un trabajo de la profundidad de *El desarrollo del capitalismo en Rusia* podía, ya a sus 46 años, dar forma a un documento como el que nos ocupa.

Aquí analizaremos la trascendencia de la noción leninista de imperialismo, sus fortalezas, sus implicaciones y sus hoy ya evidentes problemas. Para ello, empecemos por repasar sus puntos centrales.

El imperialismo y sus rasgos fundamentales

El concepto de imperialismo fue una de las varias nociones que, pese a ser popularizadas por Lenin, no fueron acuñadas por él. Lo que hace es tomarlo del economista inglés John A. Hobson, uno de los no pocos liberales que, viendo la deriva de la economía capitalista, se volvieron furibundamente críticos de algunos de los rasgos que esta estaba incorporando en la época en que escribían. Más allá de incorporar el término imperialismo en el título, su libro y el de Lenin, escrito más de diez años después, difieren completamente, siendo la teoría del británico, por su deje subconsumista, más próxima a la lectura del fenómeno que haría Rosa Luxemburg. El contenido del que Lenin dotó al término estaba mucho más relacionado con los postulados de otro economista, este sí de inspiración marxista, aunque ubicado entre las ramas reformistas de la socialdemocracia: Rudolf Hilferding. Varios de los rasgos centrales del imperialismo están directamente tomados de lo escrito por este último en su más importante obra, titulada *El capital financiero*.

El primero de esos rasgos, sobre el que Lenin se explaya más detenidamente es el surgimiento del *monopolio*. Este elemento no solo estaba presente en la obra de Hilferding o Hobson, fue una característica muy apuntada en su época y durante las siguientes décadas. Se estaba poniendo de manifiesto un rápido incremento en la escala de acumulación del capital. El modelo de empresa, no ya solo familiar, sino limitado a una fase o rama de la producción se muestra como obsoleto. Dentro de capitales singulares se "combinan" diferentes etapas productivas, abarcándose diferentes ramas, en ocasiones muy distintas entre sí. La dinámica de concentración que había descrito Marx habría llegado a un punto tal que la

18

competencia habría sido reemplazada, al menos en gran medida, por el ejercicio del monopolio. La proliferación de cárteles, *trusts* y otras asociaciones empresariales, en los primeros años del siglo XX, sería un paso decisivo hacia una socialización completa de la producción. Ya no serían los capitalistas individuales los que, pugnando entre sí, se apropiarían de los recursos existentes (de las materias primas a la mano de obra), sino que serían los monopolios los que se los repartirían entre sí.

El segundo rasgo característico de la fase capitalista sería la dominación ejercida por el *"capital financiero"*. Ciñéndose aquí prácticamente al pie de la letra a lo elaborado por Hilferding, Lenin plantea como novedad el impacto en diferentes ámbitos que supone la fusión entre el capital industrial y bancario. En estrecha ligazón con lo anterior, el crecimiento de la concentración iría aparejado a la cada vez mayor influencia de un puñado de entidades dedicadas a poner en movimiento el capital productivo, forzándolo, eso sí, a abonar interés. Desde el momento en que los bancos entran en tromba a los ramos industriales, los segundos perderían toda autonomía, quedando bajo control de los primeros. Se conformaría una verdadera oligarquía financiera capaz de conocer y controlar a voluntad el destino de los capitales subordinados.

El tercer rasgo sería el paso de la exportación de mercancías, propia de periodos anteriores, a la primacía de la *exportación de capital*. Los monopolios buscan lugares lucrativos donde colocar sus muy abundantes ganancias, es así como mueven capital a territorios periféricos. Se incentiva el crecimiento o desarrollo en términos capitalistas de estas regiones al precio de subordinarlo a los dictámenes de los capitales exportadores. Estos últimos aprovechan las infraestructuras coloniales e incluso generan nuevas con tal de aprovechar los múltiples recursos que se sitúan más allá de las fronteras nacionales.

Los siguientes, y últimos, rasgos estarían directamente relacionados con los anteriores. En primer lugar, *los monopolios*, después de repartirse entre sí el mercado interno, *se reparten el mercado mundial*. Cárteles, *trusts* y otras formas de organización del gran capital escalan hasta devenir "supermonopolio". Gracias a la exportación del capital financiero toda la economía mundial pasaría a estar bajo su égida. Sin embargo, como bien sabemos, el mundo es un espacio inmenso, pero limitado. Una vez repartido el conjunto del globo, y este sería el último rasgo, todo reparto adicional se hará sobre territorio ya apropiado. Las siguientes expansiones que requieran los monopolios tendrán que hacerlos sobre la base de la confrontación con sus semejantes. Por esta razón, sería vana toda esperanza de un trascurso pacífico de la acumulación capitalista en su fase imperialista. Solo la economía burguesa y los traidores al marxismo como Kautsky, afirma Lenin, pueden contentarse con la posibilidad de que haya un acuerdo entre monopolios. Lo que todo esto trae consigo es una lucha que, aunque en ocasiones pueda contenerse con acuerdos, no dejará de aflorar cuando apriete la necesidad de obtener ganancias.

Estas serían las características que desarrolla Lenin en su famoso libro y los puntos cardinales desde los que se construye toda la que sería la teoría leninista del imperialismo. La propuesta completa es ciertamente más completa y rica, por lo que no se puede dejar de recomendar su estudio a toda persona interesada en la materia. No obstante, como se adelantó, hoy estos preceptos hay que tratarlos con cautela, pues son muchas y muy significativas las críticas que se han lanzado. Cabe apuntar que las que aquí se contemplarán vienen, de una u otra manera, de diferentes corrientes de la tradición marxista. No es este el lugar para ajustar cuentas con las generalmente burdas difamaciones provenientes de la intelectualidad reaccionaria.

Algunas críticas razonables a la teoría del imperialismo

Lenin es y ha sido parteaguas al interior de la intelectualidad marxista en varios sentidos. Aunque su figura y legado continúa siendo una referencia obligada para la militancia a todos los niveles, ha quedado aislado de los circuitos académicos. Una parte de ello se debe a que no se trata solo de un revolucionario, sino de un revolucionario triunfante, un líder político, indisolublemente vinculado a una experiencia histórica de la magnitud de la Unión Soviética. Pero hay algo más, no puede despreciarse ni achacarse a la cobardía o a la traición el que sean muchas las voces marxistas contemporáneas que se muestran críticas, en aspectos importantes, de la obra de Lenin[2]. Hay cosas que es necesario, por lo menos, poner en cuestión. Vayamos punto por punto.

Seguramente el aspecto más decisivo, porque es la piedra angular del argumento de Lenin, es la cuestión del monopolio. Es claro que la concentración del capital acabó con el mito liberal de la "libre competencia" o de la "competencia perfecta": el volumen de capital requerido para incorporarse a casi cualquier rama imposibilita para la mayoría de la población entrar como concurrente. Pero lo que escribe Lenin va mucho más allá. Del texto leniniano se desprende, y al pie de la letra lo tomaron varios de sus seguidores (algunos tan influyentes como Sweezy y sus colaboradores en la *Monthly Review*), que la competencia, expresada como guerra de precios, había terminado. En su lugar habría quedado la voluntad de los monopolios entendidos en un sentido estricto (un oferente, muchos demandantes). Semejante cosa es incompatible con un análisis detallado de la economía actual, donde son pocas las empresas privadas que ejercen monopolios efectivos. La ley del valor, tal y como la describió Marx en *El capital*, esto es, mediada por la competencia, continúa operando. La concentración del capital, que en efecto ha crecido exorbitantemente, no se ha plasmado en un nivel de centralización tal que las empresas puedan someter al mercado nacional, y mucho menos internacional, a su voluntad. Las corporaciones que consiguen grandes cuotas de mercado lo hacen no dominando a sus semejantes, sino, al contrario, plegándose mejor que sus competidoras a las leyes objetivas que siguen rigiendo el mercado mundial. Y solo atendiendo a estas últimas pueden explicarse las recurrentes crisis de sobreproducción que experimenta la economía mundial.

También la descripción que se hace del capital financiero es susceptible de crítica. Por supuesto que el capital bancario juega un papel central en nuestra economía, y que el crédito es un requisito normal para la acumulación capitalista. Igualmente, lo que Marx llamó "capital ficticio" —aquel que carece de resguardo productivo y que es violentamente destruido en

---

2.- Para ello puede leerse autores de muy diferente pelaje pero de gran relevancia internacional como Anwar Shaikh, David Harvey o Michael Heinrich. En el panorama castellanohablante y latinoamericano podrían encontrarse autores como Diego Guerrero, Rolando Astarita, Jorge Veraza, Marcelo D. Carcanholo o Juan Iñigo Carrera. Algunos de sus trabajos han sido útiles para redactar este apartado.

periodos de crisis— es clave para entender las últimas sacudidas del mercado. Pero todo esto no está bien plasmado en el concepto de "capital financiero", cuyo encaje es bastante complejo en el corpus marxiano. La interpenetración entre la esfera bancaria y la industrial no se da como una fusión de manera generalizada. Tampoco es fidedigno plantear la interdependencia entre ambas esferas como una dominación directa de lo financiero sobre lo productivo.

El papel de la exportación de capital, tal y como se describe en *El imperialismo... también* está en entredicho. De nuevo, hay mucho de verdad tras las palabras de Lenin: la exportación de capital es fundamental para la valorización del capital en su escala mundial. Pero es cada vez más discutible que la inversión extranjera cumpla una función de subalternización en la economía mundial. Es sintomático que, incluso quienes se esmeraron en elaborar una teoría sistemática del "subdesarrollo", como la corriente de la dependencia o el sistema-mundo hayan tenido que acuñar nociones como "subimperialismo" o "semiperiferia" para referirse a países que no encajan en un esquema bipolar centro-periferia. Hay indicios claros de que las causas de la transformación de la que tanto se viene hablando apuntan más al papel de la división mundial del trabajo que una dinámica de expolio sistemático y persistente.

Por último, el reparto del mundo, que era muy evidente durante los periodos en que el colonialismo era una expresión preferente de la dominación global del capital, desde hace años lo es mucho menos. Por supuesto que hay esferas de influencia política y comercial, pero en modo alguno tan claras como las descritas por Lenin. No en vano los movimientos anticoloniales dieron grandes y relativamente exitosas luchas a lo largo de la segunda mitad del siglo pasado. En ese sentido, tampoco la lucha entre capitales nacionales se ha mostrado como una conflagración directa y brutal entre grandes potencias. Por supuesto que ha habido y hay conflictos encarnizados, y que estos obedecen a la lógica predatoria del capital, pero desde el final de la Segunda Guerra Mundial no hemos presenciado guerras que involucren inmediatamente y en su propio territorio a los más poderosos estados nacionales. Las crecientes necesidades de valorización parecen haberse saldado mucho más a través de la intensificación y perfeccionamiento de la explotación sobre la clase obrera mundial que por la vía del pillaje colonial.

Un problema adicional importante no viene del contenido profundo de lo planteado, sino por las inferencias que de este se hace. Una muy particular es aquella que se plasma en su título: el imperialismo sería una fase específica del capitalismo, es más, sería aquella "superior" (o "suprema"). Dicho en otros términos, sería la última. El texto de Lenin apunta a que, con el imperialismo, el capital da sus últimos estertores. Todo en esto es discutible. El establecimiento de "fases" es siempre problemático, resultando siempre difícil establecer qué queda atrás y qué permanece. Lenin pareció percatarse de ello, años después (en el VIII Congreso del PC-b), al plantear que el imperialismo debía verse como una "superestructura" erigida sobre la base de un antiguo capitalismo que persiste. El embrollo aumenta al plantear que es la fase terminal. Algunos de sus más decididos seguidores han tenido grandes problemas para explicar los grandes cambios que ha experimentado un modo de producción capitalista cuyos vaivenes parece más coherente explicar en función de su normalidad que de su continua decadencia. La revolución socialista, reconozcámoslo, está lejos de atisbarse en el horizonte cercano.

¿Quiere todo esto decir que la teoría del imperialismo debe desecharse por completo? En absoluto. Son muchas las virtudes que se le deben reconocer, siendo la primera y más importante de ellas su capacidad para hacer comprensibles fenómenos reales complejos de manera relativamente simple.

Las teorías del imperialismo como marco cognitivo

Una parte de la explicación del alcance de las teorías del imperialismo se debe al carisma de sus valedores. Cómo no sentir apego por lo que defendieron en vida líderes como Luxemburg o el propio Lenin. Ahora bien, no se puede despreciar el valor que tienen sus teorías por sí mismas, el cual estriba en su portentosa potencia explicativa. Esta, en su tiempo, y nos atreveríamos a decir que durante las décadas posteriores, fue muy notoria: comprendía el saqueo colonial, las grandes guerras, el crecimiento de las grandes empresas y su relación con los estados nacionales, entre otras cosas. Lo que es más importante: lo hacían de manera relativamente simple, apelando a una serie de principios como los más arriba expuestos, facilitando que quienes las aplicasen se sintieran capacitados para interpretar su realidad e intervenir políticamente sobre ella.

Para profundizar en esto último consideramos oportuno hablar de "marcos cognitivos", un término con el que la psicología designa una estructura mental capaz de dar sentido y facilitar la valoración de una importante variedad de acontecimientos percibidos. En la ciencia política, esta noción entró gracias al interesante libro *No pienses en un elefante*, de G. Lakoff, donde aprendimos que frecuentemente es más importante imponer el espacio simbólico en el que se perciben los mensajes que los mensajes en sí mismos. Como en algunos deportes, en el mundo de la comunicación política, a veces es más importante jugar en casa que jugar bien. Lo que, a partir de ahí, se convirtió en la labor de la mercenaria tarea de ser "comunicólogo" fue mostrar a los actores cómo condicionar el marco en que se perciben las ideas o propuestas. El ejemplo típico es que, si se busca defender una subida de impuestos, la clave será que los receptores piensen en servicios públicos, en igualdad, en cosas que las personas valorarán como positivas, y no en una sustracción coactiva de rentas, algo que como tal convencería a poca gente.

Podría decirse que teorías del imperialismo, con la de Lenin a la cabeza, ha conformado un robusto marco cognitivo. No solo los sucesos económicos, también y especialmente los políticos son aprehendidos por multitud de militantes a través del tamiz de las teorías del imperialismo, permitiéndoles no solo un rápido diagnóstico, también una respuesta contundente. Se trata de un mecanismo en el que se introducen acontecimientos y arroja rápidamente posicionamientos tanto en el plano internacional como en el nacional.

En el plano internacional, las relaciones se verán fundamentalmente como ejercicios de poder concreto. Los acuerdos comerciales o transacciones serían momentos para trazar alianzas, pero sobre todo para reafirmar la dominación. Más evidente es la percepción de los conflictos abiertos, fácilmente calificables como confrontaciones (inter)imperialistas. Según la versión de los desarrollos subsiguientes a Lenin se verán diferentes los polos imperialistas afanados por repartirse a pedazos el mundo. Estados Unidos, que ha hecho méritos para ser reconocido como el más beligerante de estos vértices, sería para la mayoría el principal artífice o ejecutor de las hostilidades. Los monopolios norteamericanos, y entre ellos el armamentístico, habrían hecho del militarismo, además de un medio para poner recursos a su disposición, un espacio específico y destacado para la acumulación del capital. Sus adversarios, sin embargo, según el caso y la versión a la que atendamos podrán ser potencias imperialistas del mismo orden o inferior en natural pugna por apropiarse de espacios de influencia o mercados, o podrán ser fuerzas potencialmente antiimperialistas y por ende aliados tácticos o estratégicos de la causa revolucionaria.

Razonamientos de esta guisa se extienden al plano nacional. Desde el momento en que se asume el carácter monopolista de la economía mundial, es respecto del monopolio que se piensa la política concreta. La competencia servía, tal y como explica Marx en el tercer volumen de *El capital*, para distribuir la ganancia entre los capitales. Una vez la competencia desaparece de la ecuación, ya se adelantó, lo que prevalecen son los intereses de las grandes empresas transnacionales. Estas tendrían la capacidad, gracias a sus gigantescos beneficios, de ganarse adeptos entre las filas de la clase trabajadora, la "aristocracia obrera", y de la clase capitalista de menor tamaño, la "burguesía compradora". Frente a ellos se situarían el grueso de la clase obrera e incluso de la pequeña burguesía, ambos guiados por sus comunes intereses por superar la situación de miseria a la que les someten los grandes capitales. Así es como se plantean normalmente, desde el marco que plantean las teorías del imperialismo, las alianzas de clases.

El calado de este marco está fuera de toda duda. Tanto que impregna hasta fuerzas políticas situadas al margen (y en frente) del marxismo. Esto es solo un atisbo de la gran virtud del pensamiento leninista: son unas coordenadas claras, sencillas de entender, al menos aparentemente precisas y muy dadas a promover la acción en un sentido determinado. Son, no necesariamente en un sentido despectivo, una forma de dejar de pensar. Un militante no tendrá que conocer los pormenores del conflicto que se esté dando en oriente medio, tampoco de la situación concreta del sector agrícola, y sin embargo podrá en cuestión de minutos articular un discurso coherente, apoyando la resistencia contra el imperialismo y contra los monopolios. Es muy difícil construir un marco tan potente en tantos sentidos, es de rigor reconocerlo. Pero pese a todo, pese incluso a que frecuentemente llegue la "posición correcta" asumiéndolo, es muy alto el riesgo que entraña la aceptación acrítica de este marco cognitivo.

La miseria de la geopolítica y la tentación nacionalista

Existen severas carencias en el marco cognitivo ya descrito. Sobre todo para cualquiera que desee inscribirse en el legado metodológico de Marx. Se podría resumir así: el imperialismo acaba por eclipsar al capital, y la nación o pueblo acaba por suprimir a la clase.

Antes ya dejamos caer el desprecio que se debe sentir frente a los gurús de la comunicación política o "compol" —sobre todo al lado de las responsables de agitprop—, ahora es el turno de mostrar semejante sentir por los supuestos expertos en geopolítica. Existe un perfil de "analista" internacional que se asemeja peligrosamente al jugador de risk, ese juego de mesa en que cada jugador traza sobre el mapa del mundo el escenario que estima conveniente. Ese *modus operandi* puede darse desde la lógica del imperialismo: así escuchamos cotidianamente ocurrentes propuestas de reconfigurar el escenario mundial sobre la base de afinidades o animadversiones, asumiendo que el tablero mundial puede alterarse por el convencimiento de ciertos jefes de gobierno. La proyección ideal de escenarios más propicios o halagüeños no tiene por qué ser dañina. Solo puede devenir preocupante cuando, aun considerándose marxista, se hace completamente al margen de los planteamientos marxianos.

Lo que domina en el modo de producción capitalista no es un gobierno o conjunto de gobiernos, ojalá, eso lo haría todo mucho más fácil. Podríamos acomodarnos en teorías de la conspiración y colocar detrás de todos los males un grupo muy reducido de líderes y magnates. La acción revolucionaria se limitaría a derribar y sustituir esa élite. Por desgracia, lo que domina el mundo es una relación social, el capital, y la dominación es impersonal. Esa relación frecuentemente se expresa a través del sometimiento de ciertas formaciones nacionales a otras. No se trata en ningún caso de privar de responsabilidad al estado norteamericano en sus abundantes crímenes, sino de entender que su barbarie es una expresión propia del modo de producción capitalista en su conjunto. Lo cual debería llevarnos a reafirmar que el problema nuclear, la "contradicción fundamental" dirían los clásicos, no es la dominación que ejercen unos estados sobre otros, sino la explotación que común y sistemáticamente lleva a cabo una clase social sobre otra, a un lado y otro de cualquier frontera.

Llevando este razonamiento a lo nacional, nos encontramos un escenario muy distinto al antedicho. Al contrario de lo que plantea el nacionalismo de índole populista, hay mucha evidencia de que los interés de la burguesía pequeña y de la clase obrera no suelen confluir. Primero porque son los pequeños negocios los que, debido a su falta de productividad, suelen exprimir más intensamente a sus asalariados, quienes tienden a estar más indefensos debido a las dificultades para organizar sindicalmente a una plantilla reducida. Pero también porque en su abrumadora mayoría, estos son dependientes del capital mediano o grande. Lógicamente que la tienda de barrio deseará que la cadena de supermercados que le han puesto en frente desaparezca, pero seguramente no deseará lo mismo para las empresas que le suministran al menor precio productos, combustible, etc. Cuando haya situaciones que podrían calificarse de extorsión por proveedores o acreedores, las víctimas se verán agraviadas, pero si estas "víctimas" lograran prosperar y devenir capitales de mayor tamaño (cosa infrecuente, eso sí) acabarían recurriendo a las mismas prácticas. Porque el problema no es la mezquindad de los grandes capitalistas, es la relación social que personifican y a lo que ella les compele.

Un ejemplo particularmente nocivo de la aplicación del marco cognitivo de las teorías del imperialismo es el uso que en alguna ocasión se le ha dado a la noción de "aristocracia obrera". Algunos reputados autores y más de un convencido comunista han planteado que, dado que la clase trabajadora del centro se apropia vía imperialismo del producto de la explotación de la periferia, el internacionalismo proletario no tendría ya sostén. En el lugar destacado de la lucha de clases deberían colocarse las luchas por la liberación nacional, concluyen.

El terreno queda abonado para la proliferación de las posiciones na-

27

cionalistas. Es lo usual cuando se traza una línea divisoria entre unidades nacionales, dejando cada fracción nacional de la clase obrera y de la clase capitalista en un mismo lado, frente a sus homólogos extranjeros. Siendo el tercermundismo, con muchos aciertos en su haber, la versión más progresiva de este discurso, no pudo hacer más que aguas al tratar de superar la escala nacional. La burguesía nacional acabó siendo la principal beneficiaria de las políticas proteccionistas, que supusieron enormes transferencias de rentas hacia los capitales locales y solo subsidiariamente, cuando pasó, hacia la clase obrera. Pero independientemente de eso, este análisis acaba dejando al proletariado movilizado del "primer mundo", también azotado y expoliado por la explotación capitalista, como mero espectador, comentarista y en tal caso actor secundario de la revolución socialista. Se dibuja el negativo del paisaje que usualmente se dibujaba en tiempos de Engels, cuando la potencialidad revolucionaria se restringía a la clase obrera ubicada en las metrópolis. Errores en espejo que nacen igualmente de un análisis superficial de una foto concreta de la lucha de clases.

No se puede culpar a Lenin o a su obra de ninguno de estos "desarrollos" de su teoría. En sus trabajos encontramos no solo escritos criticando dura e intensamente el "romanticismo político" de los apologetas del pequeño capital, también un uso mucho más restringido del término "aristocracia obrera", pensado, como era común en él, de manera muy concreta para explicar y dar respuesta a la deriva reformista de una parte del movimiento obrero internacional. Igualmente, sus análisis internacionales acostumbraban a ser finos y precisos, siempre pegados a la realidad particular a la que atendía. Sus trabajos sobre el derecho a la autodeterminación o el "populismo" (término que, como el de "socialdemocracia" y tantos otros, ha experimentado importantes cambios en su significado desde entonces) se atienen a la especificidad de la coyuntura histórica, campo en el que para Lenin se disputaban las conquistas para su clase.

Qué es el imperialismo, más allá de la teoría

Podemos repetir la pregunta: ¿habría que descartar por completo la noción y contenido del imperialismo? Repetimos la respuesta: de ningún modo. Hay mucho y muy válido en lo que representa el imperialismo, aunque para conservarlo y potenciarlo haya que cesar de repetir, en su literalidad, las palabras de Lenin pasado un siglo. Los años no pasan en balde, y a lo mejor hay que repensar mucho de lo que el imperialismo tiene de teoría. Expliquémonos.

El imperialismo se convirtió en una teoría en su sentido formal, esto es, una constelación de conceptos que establecen entre sí unas determinadas relaciones. Monopolio, guerra, capital financiero…, crearon un entramado ideal que funciona perfectamente al margen del despliegue concreto del modo de producción capitalista. La noción de imperialismo de Lenin se conforma de un modo muy diferente a la de capital en Marx. Mientras uno expone su investigación acoplando ejemplos que acompañan a enunciados generales, el otro comienza por un concreto real, la mercancía, y la acompaña en su despliegue dialéctico. Ni siquiera podría argüirse que Lenin no realiza ese desarrollo porque continúa allá donde Marx lo deja, que lo que hace es desplegarlo. La formulación del imperialismo se realiza en abstracto, pensada para ser leída en un contexto particular, pero al margen de cualquier otro texto. Prueba de ello es lo complejo que resulta dirimir qué parte de los análisis marxianos quedan obsoletos, literalmente "desfasados". Toda la articulación se sostiene sobre el concepto de monopolio, cuyas ambigüedades y peligros han sido ya mencionados. Por eso no vale con retocar esta o aquella cosa para solucionar los problemas, todo con tal de salvar la teoría de Lenin. Es preciso dotarle de un contenido sustancialmente diferente.

¿Qué queda del imperialismo si se le retira lo que de teoría tiene? Mucho más de lo que pudiera pensarse a botepronto, y todo ello verdaderamente esencial para afrontar el conocimiento del mundo actual.

Nos queda el muy necesario énfasis en la internacionalización del capital. Más aún, en el *carácter inherentemente mundial de la acumulación capitalista*. Marx y Engels en el manifiesto más famoso de la historia ya acertaron al plantear que la lucha de clases tiene por contenido una relación de carácter mundial aunque adopte una forma nacional. Lo que el conflicto clasista refleja es la estructura interna del modo de producción capitalista. La economía global no puede ser vista como una suerte de al-

29

fombra de *patchwork*, cosida juntando retales. Los mapas políticos son por ello engañosos. El mercado mundial no se entiende al combinar los nacionales, es justo al revés. Las formas nacionales son expresiones particulares de una relación social global. Por eso, con sus limitaciones, la más avanzada forma del movimiento obrero fue la alumbrada por el primer leninismo: la Internacional Comunista que, consecuentemente con ello, entendió que los partidos no debían ser más que "secciones" nacionales de la organización mundial.

Poniendo en el centro el contenido mundial de la acumulación y, como reverso, de la lucha de clases, se abre la puerta a *entender las pugnas internacionales atendiendo a su carácter clasista*. Así como el marco cognitivo de las teorías del imperialismo abría la puerta a hacer pasar la lucha de clases por disputas nacionales, también nos ofrece herramientas para confeccionar un potente remedio contra este modo de pensar. Esto lo supieron develar algunos de los próceres de la corriente marxista de la dependencia, todos ellos grandes conocedores del legado leninista. Para ilustrarlo tomemos el ejemplo de la guerra, seguramente la expresión más aguda del enfrentamiento entre formas nacionales. A primera vista podría pensarse que la guerra involucra de manera conflictiva dos o más economías nacionales, y en efecto es así: es la más palpable medida entre dos potencias. Pero normalmente hay mucho más. Las guerras son usualmente también un medio muy eficiente para aniquilar capital sobrante, particularmente fuerza de trabajo. La conflagración militar puede suponer una gran solución para el capital, aquejado por sus propias contradicciones, al destruir violentamente contingentes enteros de obreras y obreros. Por esta razón, como el bolchevismo nos enseñó, lo revolucionario es pedir la paz.

Este mismo razonamiento puede conducirnos a una precisa y pertinente caracterización del colonialismo. Una fantástica virtud del leninismo es que lleva a *comprender el colonialismo moderno, así como otras prácticas de "dominación internacional" como rasgos propios del capitalismo*, descartando a priori que se traten de un vestigios de modos de producción anteriores. No es una cuestión menor. Lenin alcanzó a entender que la brutalidad colonial que tenía ante sus ojos no por no adoptar la forma de intercambios mercantiles dejaba de ser esencialmente capitalista. Eso supone un salto cualitativo respecto de razonamientos que todavía hoy se aplican a procesos económicos que no encajan con el capitalismo "puro" —construcción ideal que nada tiene que ver con lo planteado por Marx—. En buena aplicación de la mejor de las lógicas leninistas es mucho más preciso hablar de imperialismo que de "neocolonialismo", término mucho más vago y abstracto, para referirnos a las políticas intervencionistas que el capital requiere para perpetuarse en todo el planeta.

La teoría, en este caso del imperialismo, es un tipo particular de práctica —dejamos en este caso de lado la tan leninista dicotomía entre teoría y práctica— de la que hay que desprenderse. En su lugar se propone describir el imperialismo en términos genuinamente prácticos con objeto de caracterizar el comportamiento exterior de ciertos estados, algunos de los situados a la vanguardia mundial en lo que a productividad se refiere. Ellos compondrían a la vez el jurado mundial y la "interpol" del capital en su totalidad, capaz de organizar y administrar la violencia necesaria para dinamizar la economía mundial. La OTAN en lo militar y el FMI en lo financiero son, junto con otras instituciones, el escuadrón de choque del capital en su conjunto. Pero el imperialismo, como manifestación de la relación social capitalista, no se agota en sus fechorías. La "cadena imperialista" es mucho más extensa, involucrando también a aquellos capitales cuya supervivencia depende de la perpetuación de la capacidad de consumo situada en los "países centrales". Por eso debilitar o romper esta cadena por sus eslabones más débiles no es solo una afrenta al imperialismo, es un atentado contra el capital mismo.

Todo esto, no obstante, es todavía un planteamiento demasiado genérico. Queda por delante desarrollar la investigación hacia la situación concreta y, más tarde, hacer lo que Lenin hacía como nadie: aterrizar sus conclusiones de la manera más óptima en el ámbito en que se actúa políticamente. Aquí es donde nadie puede considerar como ajena la mal llamada teoría. No hay un esquema infalible, ni sencillo, que pueda aplicarse a cualquier acontecimiento, mucho menos al ritmo en que los sirven las principales terminales mediáticas. Para desgracia de quienes somos o tratamos de ser leninistas, no queda más remedio que afrontar desde el rigor cada momento de la lucha de clases, y de manera crítica, sin dar por sentadas conclusiones de análisis anteriores. La tarea es colosal, pero para afrontarla aún son muchas las lecciones que se pueden extraer a colación del más importante revolucionario del siglo XX, y seguramente de la historia.

II. El estado y la dominación de clase

El eje que vertebra toda la obra de Lenin es el poder. Tanto es así que, como acabamos de ver, su investigación económica no deja de ser un análisis de la dominación a escala mundial. Pese a que no puede decirse que haya sido el más sistemático y pulcro de los investigadores que han surcado un tema tan concurrido como ese, tal vez nadie haya entendido el poder como él lo hizo. Lenin consiguió plasmar en sus muchas intervenciones una concepción profunda del poder que además pudo someter al dictamen de la práctica inmediata. No se trataba, por supuesto, de una de esas teorías contemporáneas a las que Weber dio paso, como la de Foucault o Lukes, que ven poder en todas partes y en todos los sentidos. Estudia el poder en su más plena expresión, como poder político, y lo hace atendiendo a la institución que lo administra, el estado. Pero no para ensalzarlo, para reafirmarlo en la voluptuosa aura que lo recubre, aquella que usualmente nos lleva a escribir su nombre con mayúscula (Estado), todo lo contrario: para arrancarlo del reino de los cielos y arrastrarlo al barro de la lucha de clases.

El estado, pensado en la revolución

De *El estado y la revolución*, publicado allá por 1917, en vísperas de la revolución, puede decirse lo mismo que de *El imperialismo...*, es uno de esos libros geniales que no pueden ser tomados al pie de la letra fuera de su contexto sin correr riesgos. De buenos, pueden llegar a ser fatales.

En este caso, la tesis del libro puede resumirse en relativamente pocas palabras. El estado es un dispositivo en manos de la clase dominante, que viene a expresar el carácter irreconciliable del conflicto. Si se asume esto, el objetivo de la clase trabajadora no puede ser otro que el de destruir violentamente la maquinaria estatal. Tal es el sentido de la acción revolucionaria en Lenin. Para este momento ya era evidente su divergencia con quien era su némesis, Kautsky, todo un peso pesado de la socialdemocracia internacional que llegó a ser el más sólido candidato a heredar el legado de Marx y Engels, pero que había optado por una mayor integración del movimiento obrero en el aparato estatal. Semejante posición sería incorrecta, además de contraria al núcleo del marxismo. Solo una vez liquidado a través de la confrontación el estado capitalista y sustituido por un estado de índole socialista se pondrá en marcha un proceso que apunte a la extinción misma del estado, al comunismo. Mientras tanto, toda democracia será una dictadura de clase, bien de la burguesía, bien del proletariado. La diferencia es que esta segunda allanaría el terreno para consumar la desaparición del estado al suprimir el enfrentamiento clasista que le da razón de ser.

Como de costumbre, las palabras de Lenin están bien medidas, ajustadas a una coyuntura que no tardaría más que meses en darle la razón en su propio país: la revolución era la línea correcta. Su cruda concepción del poder estatal condensó un diagnóstico que acompañaba a la vanguardia de la clase obrera organizada mientras afrontaba nada menos que una revolución, sea en ciernes (*El estado y la revolución*) o en la debilidad propia de sus primeros meses (*La revolución proletaria y el renegado Kautsky*).

Para lograr esto se vio obligado a incurrir en toda una serie de imprecisiones y vaguedades muy convenientes para sostener una posición establecida a priori. Ahora, como él mismo sentenció en varias ocasiones, ni la más justa de las posiciones puede permitirse sacrificar el rigor. Para la dialéctica, que supo usar con maestría en numerosas ocasiones, la verdad no reside en un estado al que se llegue, sino que es el camino a través del cual se llega. Por eso es preciso enfrentar una vez más el reto de criticar la línea de pensamiento de Lenin sin ánimo de enmendar lo acertado de su proyecto político.

A diferencia de la mayoría de sus textos sobre el imperialismo, *El estado y la revolución* centra sus argumentos en la hermenéutica. En una encrucijada en la que se ve obligado a enfrentarse descarnadamente a figuras del talante de Kautsky o Plejánov, se decanta por recurrir una y otra vez a citar textualmente pasajes enteros de Marx y de Engels. Aducir la autoridad de los maestros se hizo casi imperativo. Salvo algún caso en que el recurso a la literalidad es cuestionable (cosa que pudiera deberse a las traducciones o re-traducciones que leemos en castellano), la reproducción de fragmentos es fidedigna. Pero como siempre en escritos de esta guisa, el problema está en la selección. Más allá de alguna tergiversación solo justificable por el carácter instrumental de la lectura, la mayoría de interpretaciones que realiza son plausibles: lo que él encuentra está efectivamente en Marx y, sobre todo, en Engels. Pero tanto en Marx como en Engels hay muchas más cosas que no necesariamente se leen como Lenin lo hace. El famoso prefacio que Engels escribió a *La lucha de clases en Francia* (1895) contiene frases que contradecirían algunos de los juicios de Lenin. Es solo un ejemplo, pero podrían encontrarse muchos más. Algunos de los cuales podrían poner en cuestión no solo las plasmaciones tácticas o estratégicas, sino el fondo del asunto.

Conviene recordar que Marx y Engels no siempre pensaron lo mismo ni lo expresaron de igual modo. No fueron la mente colmena en los que a veces se les ha convertido. Ambos fueron, como Lenin, seres humanos que cambiaban de parecer, acertaban, erraban y, frecuentemente, reconocían sus errores. La simple amalgama de citas de autores y periodos distintos es problemática. Más aún si se atiende a temas tan esquivos en sus obras como el estado o el socialismo. En Engels hay mimbres para abordar directamente al menos el primero de los temas, y aún con ello cabe señalar que hay diferencias reseñables entre el estado moderno como "capitalista colectivo ideal" (*Anti-Düring*) y el estado, en general, como "fuerza pública" propia de las sociedades clasistas (*El origen de la familia...*). En Marx la cosa es mucho más complicada. En sus textos más sosegados el estado

35

aparece ligado a la existencia concreta del capital, al igual que el socialismo. No es ni mucho menos evidente, por ejemplo, el papel del estado en la transición al socialismo. De hecho, ni siquiera es nítido el cómo esa transición tendría lugar. Sí sabemos, por la evidencia textual a la que hoy se tiene acceso, que la idea del "socialismo" como periodo transitorio al "comunismo" es ajena a la obra marxiana.

Lenin fue antes de nada y por sobre lo demás, un revolucionario, y cuando la revolución estuvo ante él, se lanzó sin pensarlo. Por ella escribió, y también por ella se vio en la tesitura de pensar el estado de un modo acorde. Canalizó teóricamente la pulsión revolucionaria, aun a costa de un trato demasiado rígido de la cuestión y de hacer malabares con los textos de sus predecesores.

Imperialismo, estado y lucha de clases

Existe una pertinente comparación entre las teorías leninistas del imperialismo y del estado. Con la primera ya se han ajustado cuentas: está cargada de preceptos imprecisos y altamente discutibles. Sin embargo, aportaba elementos absolutamente centrales que todavía nos siguen aportando luz y orientando en la dirección correcta. A juicio de quien escribe estas palabras, sería más difícil decir lo mismo respecto lo que escribe del estado. Lo más curioso es que esto es posible en gran medida por la desconexión relativa que hay entre ambas teorías. Aunque más tarde se aferraría (en contraposición con Trotsky y Bujarin) a la fórmula de que "la política es una expresión concentrada de la economía", lo cierto es que hay un gran contraste entre su trabajo sobre el estado, la institución política por excelencia, y sobre la economía del imperialismo. La centralización del capital de la que, a su modo, pudo dar cuenta apenas un año antes se plasmó en cambios muy significativos en el estado capitalista. Es llamativo que tamañas transformaciones en el funcionamiento concreto del capitalismo, las cuales ponían en jaque elementos centrales en Marx, se plasmen en tan solo unas pocas referencias en su obra sobre el estado, sustentada precisamente sobre la literalidad de la obra marxiana.

Con el crecimiento en la escala de la acumulación el estado fue a la vez fortaleciéndose. Rápidamente fue haciéndose con un rol cada vez más protagónico en la economía capitalista. Tan solo años después de la edición de *El estado y la revolución*, la expansión del estado era clamorosa: la violencia física a la que aludían las teorías clásicas del estado mentando ejércitos, policías y cárceles, si bien permanecía, dejó de poder verse como el único o más importante de los propósitos de la institución. El estado fue abarcando más y más ámbitos, aumentando su participación en la vida económica en una gran cantidad de países. La dinámica la encabezó la propia URSS y, tras ella, muchos otros que se situaron bajo su influencia directa. Pero esa pauta se extendió mucho más allá del "socialismo real", también en los países occidentales se pudo apreciar esa transformación. Algo que Lenin no pudo más que atisbar, pero que sus seguidores analizaron, alumbrando, en continuidad con sus teorías, la del "capitalismo monopolista de estado". Resultó que su trabajo sobre el imperialismo fue más provechoso a la hora de entender el estado capitalista que su monografía sobre el tema.

La paradoja, para Lenin, no acababa ahí. El ensanchamiento del estado que ponía en entredicho su teoría fue en gran medida producto de la lucha de clases en la que participó. Durante los dos primeros tercios del siglo XX, en los países "centrales", la centralización del capital tomó cuerpo en el estado. Pero esto solo se concretó a través de la mediación de una, ora intensa y abierta, ora soterrada, batalla clasista. La presión ejercida por las movilizaciones autóctonas se unió a la entonces exuberante Unión Soviética, ejemplo vivo de las consecuencias de la acción revolucionaria triunfante. Fue el momento del mal llamado "pacto socialdemócrata": la clase obrera organizada cejaba en sus intentos revolucionarios a cambio de ver desplegada su condición de ciudadanía e incrementada su capacidad de consumo. La realidad distaba mucho de esta ilusión. La administración de servicios públicos o las mejoras directas en las condiciones de venta de fuerza de trabajo se conquistaron a través de la acción política directa y se mantuvo gracias a la organización sostenida de clase. No fueron gentiles concesiones de algún tipo de élite en busca de la paz social, más bien el resultado de la guerra de clases.

Lenin acertó al poner el foco en el poder, aunque no pudo identificar ni prever las formas que tomarían las ulteriores correlaciones de fuerzas.

El poder es mucho más que un duelo de voluntades. Está históricamente configurado por el contenido de las relaciones de producción. Para lo que nos ocupa, por el capital. Esta es la categoría central para explicar el estado moderno. Las clases, personificaciones de mercancías bajo el dominio del capital, intervienen peleando por sus condiciones de reproducción, y esa relación se plasma en una forma política, el estado. Pero ese no es el matón de una clase o grupo social en particular, sino, en tal caso, de la relación social capitalista en su conjunto. En lo que nos ocupa, *el estado es un representante del capital social en su escala nacional.* Como tal velará por la continuidad de las condiciones de explotación, y eso lo llevará a perseguir, reprimir y hasta masacrar porciones de la clase trabajadora, claro, pero en ocasiones también a brindarles ciertos recursos que redunden en una mayor tasa de plusvalía. En más y "mejor" explotación[3].

Este enfoque puede resultar de mucha utilidad para escapar de juicios excesivamente simplistas que lleven aparejadas prácticas equivocadas. Sin tenerlo presente puede llegar a entenderse la necesaria pugna contra el carácter burgués del estado como una gesta contra el estado moderno en general. Lo que sería algo así como, apoyándonos en el refranero, tirar al niño con el agua sucia. Abogar por la "destrucción del estado", en general, como consigna abstracta, sería un error garrafal, uno del que el mismo Lenin y los bolcheviques se percataron rápidamente. No por una profunda investigación alrededor de los textos de Marx y Engels. Fue la experiencia revolucionaria de octubre y los siguientes acontecimientos lo que les hizo adaptar sus propias ideas, haciendo primar, por sobre todo lo demás, la defensa del poder conquistado.

El poder soviético: de la "dualidad de poderes" a la institución

Para entender al Lenin de 1917, hay que entender qué lo inspiró. A principios del siglo XX, el movimiento obrero europeo se veía políticamente

---

3.- Las teorías marxistas del estado son un campo extraordinariamente fértil. Abarcan desde un cierto "funcionalismo" al "instrumentalismo", desde la aproximación clásica de Engels hasta el moderno "enfoque estratégico relacional". La mayoría de ellas se agrupan, lo cual es muy sano, más en debates que propiamente en escuelas. De entre ellos resulta especialmente interesante el de la "derivación", en el que los contendientes se preocupaban más por comprender el estado tal como lo veían, conectándolo con la obra marxiana, que por rendir homenaje a las vacas sagradas del marxismo.

marcado por un evento traumático: La Comuna de París. En 1871 los obreros parisinos se levantaron y tomaron el poder, manteniéndolo durante unos pocos meses. En ese breve periodo se realizaron una serie de transformaciones muy rotundas en la vida política de la ciudad, las cuales hicieron las delicias de los socialistas observadores. Se suprimieron los intereses a trabajadores endeudados, se eliminó el trabajo infantil, se diseñó un sistema de participación en la vida pública... Toda una fuente de inspiración para muchos que, sin embargo, fue aniquilada por las armas. El primer ejemplo de dictadura del proletariado, como lo describió Engels, fue aplastado por la reacción. Las lecciones parecían claras: los trabajadores debían derrocar el estado existente y construir el propio y debían estar prevenidos ante la natural violencia que ejercería el estado de vuelta. Esa sería la experiencia que iluminaría la mente del mismo Lenin al mirar lo que estaba pasando en su país natal.

Pero la historia, del mismo modo que propicia ciertas teorías, las estrangula. Para cuando los bolcheviques comenzaron a implantar y mantener el poder soviético se percataron de que el ejemplo de la comuna era poco menos que inservible. Por supuesto que adoptaron medidas extraordinariamente progresivas, alguna tomada directamente de los revolucionarios galos, pero lo sustancial no era extrapolable. Gobernar todo un país gigantesco y hacerlo durante años al tiempo que se resistía el permanente asedio por parte las potencias imperialistas era algo muy diferente a cualquier desafío que pudieran enfrentar los comuneros.

A nuevas circunstancias, nuevas ideas y nuevas políticas. El mismo Lenin que había criticado durísimamente el taylorismo como una forma de explotación execrable se vio en la tesitura de tener que defender su aplicación pocos meses después de tomar el poder. Muy consciente de las miserias de la producción mercantil, pasada la guerra fue partidario de instaurar una "nueva política económica" (NEP, por sus siglas en inglés) que abría la veda al librecambismo. Habiendo descrito con crudeza el modo en que se reparten el mundo y sus recursos las grandes potencias, cuando se tuvo que ir a la Conferencia de Génova en representación del estado soviético se hizo, no "como comunistas", sino "como comerciantes" (así lo reconoció Lenin en el Informe al CC de marzo de 1922).Y respecto de

39

lo que nos ocupa: después de propugnar la necesidad de destruir el estado, se constituyó otro cuyas semejanzas con el resto de estados modernos era más que evidente. Se trataba de una república constitucional con una estructura jurídico-administrativa en línea con los preceptos comunes de la modernidad. La empírica abolición del carácter burgués del estado no supuso en absoluto la sustitución del conjunto del ordenamiento —en forma o contenido— por alguna suerte de nuevo estado comunal.

Así se lo hicieron saber, en sus mordaces críticas, aquellos a los que el mismo Lenin tildó de "izquierdistas". Gorter, Pannekoek y por supuesto Luxemburg espetaron a los bolcheviques el haber creado un estado al uso a espaldas de las asambleas obreras. Tenían su parte de razón: los "soviets", a los que pretendía entregar el poder, si bien no fueron suprimidos, sí fueron institucionalizados. En abril de 1917 Lenin argumentó la necesidad de profundizar en la "dualidad de poderes", oponiendo al gobierno democrático los consejos de obreros y soldados, y asemejando estos últimos a un estado "del tipo de la comuna de París". Justo un año después, estaba destacando entre las tareas inmediatas del poder soviético la necesidad de hacer concesiones y de apartarse de la experiencia parisina con tal de lograr el tan ansiado "ascenso económico del país". Siendo el socialismo soviets más electricidad, consagrados los primeros, se requería lo segundo. Sería esa misma la época en que intensificaría su cruzada contra el "infantilismo izquierdista", la cual se acompañaría con mayor o menor intensidad hasta el (entonces ya próximo) final de sus días. La voluntad por debilitar la estructura del recién instituido poder soviético sería descalificada como servil al imperialismo a la vez de pequeñoburguesa.

Ninguna de estas actitudes deberían considerarse actos de hipocresía o cinismo por parte del revolucionario de origen ruso. Lo que a la oposición de izquierda le pareció una traición solo puede entenderse atendiendo al rasgo más citado de la personalidad de Lenin: su absoluta entrega a la revolución, primero a su organización, más tarde a su sostén y profundización. Pasó a la historia justo por eso: pudo y supo personificar las necesidades del proceso revolucionario en varias de las sus primeras y más importantes etapas.

En un clima de efervescencia revolucionaria, en el que se Rusia fue el epicentro de algunas de las más interesantes polémicas marxistas de todos los tiempos, prevalecieron las ideas leninistas. Sin ser necesariamente las posiciones más ajustadas a lo que la marxología moderna pregona haber encontrado entre los legajos del genio de Tréveris, se demostraron como las más indicadas para acometer las tareas más acuciantes. Aunque lo ocurrido antes, durante y después de la toma del Palacio de Invierno no fue, como escribió Gramsci, una "revolución contra *El capital*", pues en ningún momento predice allí dónde se producirá la revolución, sí lo fue contra el sentir general de la socialdemocracia europea (ignorante en su mayoría de la realidad rusa, la que erróneamente describían como feudal). Cuando la propia lucha de clases arrasa con los esquemas preconcebidos y los lugares comunes, no queda otra opción que reinventarse. En esas circunstancias no cupo agarrarse a los distantes ejemplos de experiencias anteriores ni a las tenues indicaciones que podían inferirse de los textos ya clásicos.

Atenazados por las fuerzas contrarrevolucionarias, los bolcheviques coartaron toda crítica, incluida la que venía de sus propias filas. Incluso lúcidos pensadores, algunos muy serios y comprometidos, fueron simbólica o físicamente anulados. Algo que la intelectualidad académica marxista (heredera de Rubin y no de Lapidus y Ostrovitianov; mucho más afín a Pashukanis que a Vishinski... Y sí, más referenciada en Trotsky que en Stalin) nunca ha perdonado a la URSS. Se puede pensar que fue un ejercicio de represión traicionero y desmesurado, o que es comprensible por lo acuciante del contexto. Lo único evidente es que eran tiempos brutales, como brutal es la guerra de clases abierta en plena disputa por la consolidación del poder.

Dictadura, república y democracia del proletariado

La violencia revolucionaria fue la partera de algo nuevo, de un tipo de estado que no se había visto jamás. Hay que insistir en ello: lo que fue la Unión Soviética no tenía precedente significativo. Al interior del marxismo, esto se reflejó en una batalla por la etiqueta: la propia maquinaria ideológica soviética y sus apoderados en cada lugar la definieron como un "estado socialista" en fase de "dictadura del proletariado"; el grueso del trotskismo, a partir de los años treinta, la vio como un "estado obrero degenerado", y el más duro izquierdismo la vio como un "capitalismo de estado"... No es este el lugar para abordar la cuestión a ese nivel, cuyo interés frecuentemente se circunscribe a lo escolástico, si es que no a lo folclórico. En su lugar, tratemos de sustraer aquellos rasgos que sean más útiles de cara a intervenir políticamente.

La noción en liza es precisamente la de "dictadura revolucionaria del proletariado". El término se recoge, en su formulación más general, en la *Crítica del Programa de Gotha* (de 1875, pero solo publicado por Engels en 1891, tras la muerte de su amigo), que pasa por ser uno de los textos marxianos más citados, tanto por detractores como por apologetas, por los temas que toca. En contra de la tónica habitual de los textos de Marx, esta respuesta a los lassalleanos está trufada de referencias al porvenir victorioso de la socialdemocracia.

El término en cuestión, planteado como estado de transición entre la sociedad capitalista y la comunista, está hoy ampliamente denostado. El desprecio es razonable: reivindicar una "dictadura" no parece la mejor estrategia de mercadotecnia política. Sin embargo, aunque bien pudiera ser útil desecharlo (como de facto ya lo hacen multitud de organizaciones comunistas), el sentido del término bien merece una reflexión. Si el marxismo optó por ese término lo hizo a partir de un método de conocimiento, en ocasiones convertido en juego retórico, consistente en penetrar en el carácter total, al tiempo que contradictorio, de la realidad. Es un punto central de lo que se llamó "dialéctica". Así, podría decirse que mostraron cómo, en la sociedad capitalista, la libertad no es más que un producto específico de la explotación; o que la paz es otra forma de llamar al encubrimiento de la guerra entre clases. Igualmente, la democracia no podría ser sino una forma de la dictadura que ejerce la burguesía. La superación de uno de los términos de la contradicción, supondría de facto la negación de la contradicción misma: dejada atrás la sociedad capitalista, no tendría sentido la dictadura, pero al mismo tiempo tampoco la democracia.

Lenin y sus camaradas comprendieron esto mucho mejor que algunos de sus seguidores supuestamente más acérrimos. Supieron ver que lo que ellos caracterizaron como dictadura era la más plena y acabada forma de la democracia, pues de hecho no podría haber "democracia" más allá de ella.

Para entender lo que ocurrió después de la revolución, seguramente mejor que *El estado y la revolución*, donde describe la república democrática como la "mejor envoltura política de que puede revestirse el capitalismo", sea leer *Dos tácticas de la socialdemocracia en la revolución democrática*. Este trabajo podría ser calificado como una más de las paradojas de nuestro autor: pese a estar escrito a mediados de 1905, se ha demostrado uno de los textos más útiles para comprender la revolución. Allí ya toma distancia respecto de los fervientes emuladores de la comuna parisina, y propugna un camino diferente tanto al oportunismo de quienes rechazan la revolución, como al utopismo de quienes aspiraban a la inmediata construcción del socialismo. En esa época se decanta por una "dictadura revolucionario-democrática del proletariado y el campesinado". Apoyándose en el esquema, tan abstracto como simple, de las "condiciones objetivas y subjetivas", sostuvo que faltaba tanto desarrollo capitalista como organización y conciencia entre las masas como para llevar a cabo una revolución que trascienda la forma democrática. Pero a la vez consideró que solo el proletariado en alianza con el campesinado, y solo a través de la acción revolucionaria, podrían derribar a la oligarquía zarista.

Una vez aparecieron los soviets y estalló la guerra mundial la situación había cambiado. Más aún con la precipitación de los acontecimientos revolucionarios de febrero y octubre. Pero incluso con todo eso, la consigna de Vladimir Ilich no perdió vigencia formal. Derribado el gobierno provisional e instaurada la República Socialista Federativa de Rusia no había duda del contenido obrero, no solo democrático, de la revolución. Pero en cuanto a forma, no dejaba de verse como una república democrática, una que con el paso de los meses y años fue revelándose no solo deudora de los principios republicanos, sino tal vez su más rica expresión.

Esto puede resultar chocante, pero el hecho es que bolcheviques y jacobinos tuvieron en común mucho más que la estrategia revolucionaria y el uso de la violencia plebeya. Lo que ambos instituyeron fue un estado de derecho y soberanía popular, categorías ambas que fueron tomadas de un modo más profundo en Rusia que en Francia. Claro que los soviéticos nunca se lo plantearon de este modo, se vieron más cómodos en el marco

43

retórico del socialismo en realización que en republicano ilustrado, mucho menos proclive a justificar las imperiosas necesidades de la revolución en marcha, pero lo sustancial de su acción apuntaba en el mismo sentido. Al expropiar el capital y colocarlo bajo la soberanía del conjunto del pueblo a través de la propiedad estatal se estaba yendo mucho más lejos que el mismo Robespierre en lo que se refiere a la extensión de la condición de ciudadanía sobre el cainita derecho de propiedad. Sin inventar la pólvora en lo referido a la estructura formal jurídico-administrativa, pero llevando más allá la capacidad del estado, brindó al conjunto de la población servicios públicos gratuitos como la educación, la sanidad, la vivienda, etc. Fue la más grande expresión que hasta el momento hemos visto de la "cosa pública", de la república.

Por estas razones creemos que, si se desea renunciar al término "dictadura del proletariado", sea por lo que fuere, sería la mejor de las opciones reemplazarlo por el de *república democrática desarrollada*" para hablar de la transición al socialismo. Este cambio, más que como una cesión, se debería ver como un regreso explícito a una tradición que nunca, ni tampoco en la URSS, el movimiento obrero ha abandonado[4].

La experiencia soviética no puede ser considerada en ningún caso como perfecta o acabada. Había muy serios problemas en lo que a participación se refiere: la ciudadanía no se involucraba apenas en las tomas de decisiones, creándose así un abismo entre las direcciones políticas y el resto de la clase obrera. También existían serias limitaciones en lo que se refiere a la capacidad técnica para planificar de manera profundamente democrática y eficiente. Lamentablemente nunca se pudo aprovechar la magnífica extensión del estado para llevar la toma de decisiones a las bases: cuando se centralizaba la producción se perdía la capacidad de decisión (p. ej. sovjoses) y cuando se permitía la participación era en detrimento de la centralización (koljoses). Pero hasta con estos déficits, demostró que era posible

---

4.- En las críticas de los programas de Gotha y de Erfurt tanto Marx como Engels utilizaron justamente la fórmula "república democrática" de un modo muy generoso. Se llega a plantear literalmente que esta puede ser la "forma específica de la dictadura del proletariado". Curiosamente, Lenin, al reproducir este fragmento de Engels en 1917 (al menos en las ediciones a las que se ha tenido acceso) altera el texto, transcribiendo: "forma específica *para* la dictadura del proletariado", de tal modo que encaja con la tesis de que se trata de un paso previo y no de una expresión de la misma.

arrancar a las empresas la gestión del capital y, aun con limitaciones, logró mejoras sustanciales en el nivel de vida general. Los países del "socialismo real" fueron la prueba fehaciente de que había algo diferente al imperio de la propiedad privada y que era lo suficientemente potente para regir, con algunos sonados fracasos pero con inmensas victorias, buena parte del planeta.

Hoy todo esto suena muy lejano. Como se adelantó, desde su creación y hasta buena parte de su existencia, la experiencia soviética acompañó una fase muy expansiva del capital. La tendencia hacia la centralización fue durante décadas la tónica general y los bolcheviques, conscientes de su inmersión en el mercado mundial, supieron aprovecharla para potenciar su propia acción política. La situación cambió más o menos drásticamente a partir de los años setenta. El modo de producción capitalista se vio generalmente afectado por un rápido viraje. Uno que en pocas décadas se llevó por delante a la mismísima Unión Soviética. Llegó, y para quedarse, el neoliberalismo.

¿Un leninismo en la "fase neoliberal"?

Es sano desconfiar del término neoliberalismo. Aunque se va abriendo camino en otros ámbitos y con empleos más adecuados, durante años se ha comportado como el pelele del más cómodo de los reformismos. Como cara más desagradable de la acumulación capitalista, fue el cordero a sacrificar para salvar lo sustancial, el carácter privado de la propiedad de los medios de producción.

El uso que le damos es única y exclusivamente por no encontrar una mejor noción para hacer referencia a una realidad que requiere ser nombrada. Aclaramos, eso sí, que a diferencia de otras voces, con esta palabra no designamos un tipo particular de política aplicada por gobiernos como fueron los de Reagan y Thatcher. Todo ello son expresiones particulares singularmente representativas de un cambio de dinámica cuyo impacto es mucho mayor. En su profundidad remite a una transformación en el proceso de explotación que lleva a diferenciar entre sí la fuerza de trabajo, convertida ya plenamente en una mercancía global. El capital no necesita ya producir una clase obrera generalizadamente formada o saludable. Ya no le sale a cuenta dispensar servicios de los que pueda aprovecharse la fracción de la clase trabajadora que ha convertido en lo que Marx denominaba población sobrante. Todo ello tomó forma en un retroceso, aunque no necesariamente del estado, que frecuentemente se reafirmó como aparato represivo y garante de la continuidad de los capitales, sí de la condición de ciudadanía. Las privatizaciones se sucedían y afectaron directa o indirectamente a multitud de sectores, de los que buena parte del proletariado se vio privado. Por si fuera poco, muchos de los grandes centros de trabajo sobre los que se organizó el movimiento obrero perdieron su centralidad, desplazándose a otras latitudes.

Esta tormenta cayó también sobre la teoría leninista. La crisis que el "sovietismo" había atravesado en los años sesenta con el informe de Jrushchov ante el XX Congreso del PCUS no fue nada comparado a lo que se avecinaba. Los noventa supusieron una debacle para todo lo que la URSS representaba, también en la esfera intelectual. El diamat, rico y diverso incluso con sus carencias, se llevó la peor parte siendo reducido a una burla intelectual, pero el desmoronamiento fue más general y profundo. Explicar la sacudida que se estaba sufriendo y que hizo colapsar al estado soviético, sin echar mano de las sempiternas "traiciones", no era tarea fácil.

Habiéndose usado para dar cuenta de la expansión del estado en la fase imperialista, la teoría leninista con su crisis se encontró con renovados desafíos. No era ya una opción contemplar la "fase" que Lenin presenció como la "superior", y de serlo, albergaría etapas o períodos claramente diferenciados en su interior. El entramado estatal capitalista, que había sido a la vez objetivo y conquista de la clase trabajadora, fue en gran parte desmantelado por el capital mismo en una ofensiva sistemática. Autores como el a veces olvidado Michael Hardt y Antonio Negri o John Holloway hicieron su agosto precisamente defendiendo, cada cual a su manera, la pérdida de centralidad del estado para el proyecto transformador. Un "imperio" descentralizado habría reemplazado al trasnochado imperialismo; ya no sería necesario "tomar el poder" para "cambiar el mundo". Una detrás de otra, todas las nociones centrales sobre las que el leninismo articuló su proyecto político fueron vilipendiadas y más tarde simplemente ignoradas.

Ni que decir tiene que hay mucho de falaz y de errado en estas propuestas, pero en algo tenían razón: había poderosas razones para reexaminar la obra de Lenin. Y el leninismo. Claro que buena parte del movimiento comunista, bastante menguado a estas alturas, no se dio por aludido, pero ni siquiera esta era del todo congruente con los textos del autor que ciegamente decía seguir. Los artículos y libros de Lenin eran manejados, cercenados, parafraseados..., con mayor o menor maestría, para justificar posiciones de muy distinta índole, pero salvo excepciones se mantuvo dentro de la estela y rumbo marcado por la razón ilustrada que también siguieron inconscientemente los bolcheviques. Así, por ejemplo, es de reconocer que el grueso del movimiento comunista ha sabido oponerse, y de manera vehemente y combativa, a las sucesivas olas de privatizaciones, dejando totalmente de lado los pasajes de *El estado y la revolución* que pudieran invitar a pensar que no se debe defender lo que, pudiera inferirse, son extensiones de un estado burgués a destruir. El leninismo supo en esa difícil coyuntura estar a la altura de su referente defendiendo los intereses de las personas que, en lo concreto, constituyen la clase obrera.

Precisamente esto puede darnos pistas sobre cómo se puede, hoy, usar a Lenin. El leninismo del siglo XXI deberá dejar atrás el culto a la literalidad, despojarse de los rastros de dogmatismo que siguen fuertemente adheridos a una cultura política que se muestra en ocasiones incapaz de diferenciar entre las ideas y las proezas de quienes las enunciaron. No debemos aferrarnos al contenido concreto de su pensamiento, más bien al modo en que lo pensó. Se trata de pensar como lo hacía Lenin, no de pensar de nuevo lo que ya Lenin pensó.

No es solo que el leninismo involucre un método (como sostuvo Stalin en una famosa conferencia sobre sus fundamentos), sino que el leninismo debe ser visto, en sí mismo, como un método. Aunque más adelante nos detendremos en esta idea, conviene adelantar que tal consigna debe siempre ser entendida en sus justos términos y tomarse con sumo cuidado. Porque también está presente la desviación refleja de la anterior: si el *dogmatismo* suprimía la forma para quedarse con el contenido inmediato,

47

ignoraba el camino para quedarse con el punto de llegada, el *oportunismo* se desharía de cualquier contenido para quedarse solo con una forma de pensar abstracta. Ser leninista o seguir a Lenin sería, simple y llanamente, algo así como ser "realista" en lo político. Si en los años veinte la polémica entre pesos pesados como Zinoviev y Riazanov versaba si se podía ser marxista sin ser leninista, hoy hay quien pretende ser leninista marginando totalmente el legado de Marx. Cabría entonces un leninismo reformista o incluso un leninismo de derechas. Funesto destino que más duramente ha corrido el pobre Gramsci, en nuestros días manoseado por todo tipo de arribistas con ínfulas de intelectual. Vladimir Ilich fue mucho más que un pragmático, fue un estratega que supo poner las consideraciones de carácter general, lo que él llamaba "teoría", al servicio de la situación, pero sin renunciar a una coherencia con la causa revolucionaria del proletariado.

Debe hallarse un equilibrio que vincule orgánicamente forma y contenido, y que nos permita zafarnos de todo dogmatismo sin precipitarnos al oportunismo. Tal es el desafío. Uno que tan solo puede encararse, como el mismo Lenin habría hecho, sobre la base de la organización política. Por eso, ni hoy ni nunca podrá pensarse el leninismo sin atender y ahondar en el verdadero punto nodal de su trayectoria: el Partido. Lenin o Gramsci fueron, en términos del segundo, "intelectuales orgánicos", nada que ver con los librepensadores que parasitan sus figuras.

III. El Partido, órgano organizador del partido

Lenin era un polemista nato, dialéctico en el sentido más directo de la palabra: la contradicción era el motor del avance de sus propuestas. Pero además de ser un pensador "contra", era un pensador "en". Desde sus cartas a libros pueden inscribirse dentro de un ambiente que lo determina, y este es el del partido. Primero, el socialdemócrata; más tarde, el comunista. Pero siempre pivotó alrededor del partido, a la agrupación de mujeres y hombres unidos por una filiación político-organizativa (valga la redundancia).

"Partido", partido y partidos

No siempre sabemos de qué se habla cuando se habla de (el) partido. La moderna politología, ciencia de inspiración liberal donde las haya, se apoya en la etimología para recordarnos que la noción política de partido viene de "parte". La sociedad (occidental) estaría dividida en diferentes facciones y estas constituirían, para competir, como compiten las empresas en el mercado, por ver qué interés expresado prevalece, agrupándose y formando partidos. Estos establecerían su relación primaria a través de la concurrencia electoral. Los ciudadanos libres y soberanos, consumidores, elegirían entre diferentes entre distintos partidos, marcas, atendiendo a su programa, etiqueta. Esta es la ficción sobre la que se alza la vía de legitimación de la democracia electoral de mercado o, sencillamente, democracia burguesa.

Ni que decir tiene que el uso que Marx o Engels le dan al término partido difiere de todo esto. El partido nacería efectivamente en torno a una convergencia de intereses, pero no como una agrupación ciudadana, sino de clase; y no para conformar una plataforma con fines electorales, sino una organización dispuesta para tomar el poder. Dentro de un contexto de partidos "de notables", por su esencia elitistas, Marx y Engels apuestan por una movilización de masas. Por eso redactan un manifiesto, para reunir bajo una serie de análisis, consignas y propuestas concretas a quienes, como obreros, fueran partidarios del proyecto comunista.

En 1848, fecha original de publicación de *El manifiesto del partido comunista*, no se habían terminado de conformar los partidos socialistas. Según el lugar, el sindicalismo, especialmente en el contexto anglosajón —del que nace la expresión "tradeunionismo"—, se entremezclaba con las incipientes estructuras socialdemócratas. La universalización del sufragio estaba aún presente solo en los programas del movimiento obrero de la época como el cartismo, cuya influencia fue decisiva para el primer marxismo. Con todo, a esas alturas ya estaban presentes los cimientos sobre los que se levantaría la organización propiamente partidaria futura, muy ligados a la tradición política republicana: Los encuentros y debates se realizaban en base a documentos, se utilizaban órdenes del día para salvaguardar los derechos de los miembros de las reuniones, se levantaban actas para garantizar el registro y evitar situaciiones de confusión que desembocaran en problemas, incluso se utilizaba el apelativo "ciudadano" entre los compañeros (léanse los discursos de Marx publicados como *Salario, precio y ganancia*, de 1865). Pero todavía faltaba para que se creara el partido en el sentido que Lenin y los bolcheviques le dieron.

El Partido, que a partir de ahora escribiremos con mayúscula, debutó algún tiempo después, aunque es difícil determinar un momento preciso. La mayoría de rasgos que caracterizaron los Partidos Comunistas a partir de los años veinte ya estaban de algún modo presentes en la socialdemocracia anterior, aunque estos los sistematizaran y profundizaran aplicando las directrices que Lenin sintetizó y que sus seguidores esculpieron sobre sus organizaciones.

Entonces hablamos de tres órdenes de fenómenos: los *partidos* en el sentido burgués del término que operan normalmente, cada uno bajo sus siglas; el *partido* obrero del que hablaron Marx y Engels, y que se compondría de todo segmento de la clase trabajadora que está alineada con el socialismo o, al menos, es susceptible de estarlo; por último, el *Partido* estaría compuesto por los elementos políticamente más avanzados de la clase. Conviene no confundir estos tres órdenes. Es muy común que algunos partidos vivan en la, en general, ficción de que en su materialidad se condensan dos o incluso las tres acepciones. Sin un análisis preciso, y ante la duda, la humildad no suele ser mala compañera de viaje. El partido llamado a hacer la revolución se encuentra deslavazado, separado por fronteras de todo tipo y desdibujado entre diferentes trazos ideológicos. Por otro lado, la mayoría de los partidos electorales, convertidos en partidos "atrapalotodo" (*catch-all parties*), han renunciado a su condición clasista al tratar de reunir más y más sectores entre quienes se decantan por su papeleta. Tampoco el Partido está hoy en su mejor forma. En un escenario marcado por la ofensiva neoliberal no queda títere con cabeza: los partidos se vuelven adaptativos, las clases se niegan y el Partido es despreciado como un signo de un pasado totalitario.

Ante este desolador panorama no es opción meter la cabeza en un hoyo o ponerse anteojeras para seguir avanzando. Hay que preguntarse otra vez por nuestra acción, por los quehaceres de la militancia comunista. Cuestión que requiere, primero, clarificar el destino que ha vivido nuestra clase para, solo después, inquirirnos sobre la vigencia o no de la "forma Partido".

Clase y alianzas de clase. En busca del partido obrero

Casi en las mismas fechas que Antonio Negri recopilaba para publicar las lecciones sobre Lenin que había impartido pocos años antes, Santiago Carrillo daba los últimos retoques a la que sería su más importante obra: *Eurocomunismo y estado*. A priori pudiera pensarse que son obras muy dispares, hasta contrapuestas. Es cierto. Pero ambas compartían una premisa: transcurrido más de medio siglo desde la revolución soviética, y habiendo cambiado seriamente la estructura de clases en general, y de la clase trabajadora en particular, era momento de replantearse la forma en que a esta se la trata de organizar. Cuando dos personas tan dispares, y tan agudas, cada una a su manera, convergen en una hipótesis, incluso sacando conclusiones aparentemente muy diferentes, esta debe ser tomada en consideración. Al fin y al cabo, ¿de veras podemos pensar nuestra acción política en la Europa contemporánea en los viejos términos de unión entre obreros y campesinos? No parece sensato... ¿O sí?

Comprender las clases sociales exige de una serie de consideraciones previas, las cuales pueden ser explicables justamente atendiendo a la obra de Lenin. Lo amerita: años antes de asumir el pseudónimo por el que hoy le conocemos, un jóven Vladimir Ilich ya se enfrentaba a la sociología con una elaboración metodológica verdaderamente encomiable. En *Quienes son los "amigos del pueblo"*, de 1894, ya demuestra un genuino conocimiento y aplicación del materialismo. Entre sus páginas se perfila un análisis de la estructura económica de la sociedad rusa que se profundizaría durante los próximos años.

Siguiendo la tradición marxista, Lenin plantea que el eje respecto del cual se demarcan las clases es la posición en la esfera productiva, en aquello que Marx alguna vez llamó "base económica" y que Lenin calificó como el "esqueleto". Años después sintetizaría: las "clases son grandes grupos de hombres que se diferencian entre sí por el lugar que ocupan en un sistema de producción social históricamente determinado, por las relaciones en que se encuentran con respecto a los medios de producción (relaciones que las leyes refrendan y formulan en su mayor parte), por el papel que desempeñan en la organización social del trabajo y, consiguientemente, por el modo y la proporción en que perciben la parte de riqueza social de que disponen" (*Una gran iniciativa*, de 1919).

De entre las clases, sería el proletariado, y particularmente el industrial, el que para Lenin y el leninismo asumiría el rol de dirección. A él le debía seguir de cerca el campesinado, pero no cualquier campesinado, el campesinado específicamente "pobre". El matiz es importante. Lenin había estudiado muy minuciosamente, en aquel momento siguiendo a Kautsky, la situación de la agricultura en Rusia. Había concluido que el campesinado ruso no podía ya asemejarse con aquel sujeto autóctono de sociedades precapitalistas: hasta los más atrasados productores rurales estaban subsumidos en las relaciones mercantiles. Por esa razón, debía discriminarse entre los productores minifundiarios acomodados, que de facto actuarían como parte de la clase capitalista, y los campesinos pobres, que quedan apartados de la espiral de acumulación por su escasa capacidad de inversión y así relegados a sobrevivir a duras penas. El examen de la realidad penetraba más allá de las apariencias, desenmascarando el carácter capitalista de las relaciones de producción en el sector agrícola. En el fondo, la hoz y el martillo no representaba tanto dos clases sociales aliadas como dos sectores de la clase trabajadora: el proletariado industrial y la población obrera que, en el agro, tomaba la forma bien de jornaleros, bien de pequeños campesinos pobres.

Este asunto fue muy controvertido, especialmente en el "gran debate" que siguió al fallecimiento de Lenin, cuando se puso en entredicho la autonomía y papel del campesinado en el régimen soviético. En aquel momento resultó difícil para los revolucionarios participar de la lucidez leniniana en un asunto tan relevante. A cien años de ese momento la discusión ha cambiado mucho en cuanto su forma, pero se mantiene intacto en su contenido, a saber, la determinación del partido obrero.

Radiografiar la clase trabajadora es una tarea que debe acometer todo proyecto que aspire a movilizarla. Conocer la clase es para sus órganos más avezados en la lucha revolucionaria condición *sine qua non*, es también conocerse a sí mismos, sus medios y objetivos. Semejante encomienda desborda los objetivos de este texto, pero sí pueden adelantarse algunas consideraciones, extraídas de otros estudios anteriores. Por ejemplo, si atendemos a las determinaciones generales que presenta Lenin, podría decirse que al menos el ochenta por ciento de la población que participa de la producción en los países "occidentales" obtiene sus rentas por vía salarial. A este de por sí elevado porcentaje habría que incorporar otras tantas personas que, figurando administrativamente en otras categorías, son de facto trabajadoras: hablamos de "falsos autónomos", algunos pocos "campesinos" que de facto son población obrera sobrante... Pero aún debería irse más allá: existen muchas figuras excluidas de la "población activa" que se reproducen gracias al salario de familiares o sobreviviendo como pueden. Sería exagerado, en rigor, hablar del 99%, como se popularizó en las calles hace pocos años, pero sí es preciso afirmar que la inmensa mayoría de la población se engloba en la clase trabajadora.

¡En esa cuenta se están mezclando churras con merinas!, nos dirán. Sí y no. Claro que hay figuras muy diversas dentro de esa cuenta, que tampoco aspira a ser precisa. Algunas tendrán muy serios problemas para llegar a fin de mes, otras lo harán holgadamente; habrá quienes tengan bastante control sobre sus actividades y quienes sean tratados casi como autómatas en sus empleos. Pero todas tendrán en común la exclusión respecto de la propiedad de los medios de producción, que no es poco. Son segmentos diferentes de una única, gigantesca y poderosa clase, una que cada vez deja en una posición más superflua a los propietarios. El partido obrero es cada vez más grande, aunque eso no implica que deba esperarse que todos sus integrantes devengan partidarios de su causa. En el análisis concreto que se traduzca en el programa habrá que discriminar para trazar alianzas consistentes, otras frágiles, que contribuyan a conglomerar la clase en la mayor parte posible.

Esta mínima aproximación nos lleva a discrepar con lo propugnado por iconos como Negri o Carrillo. La cuestión no es reemplazar el viejo proletariado por un sujeto mucho más etéreo como sería la "multitud"; tampoco establecer alianzas más allá de la clase obrera, entre "el trabajo y la cultura", que den paso a un "bloque histórico". La clase obrera es lo suficientemente grande como para no requerir de alianza alguna, máxime cuando todavía se encuentra desunida. En su lugar, lo que requiere es cohesionarla, algo que depende del establecimiento de relaciones de solidaridad que trasciendan los ejes a través de los cuales el capital la disgrega. Se le hace un muy flaco favor al movimiento obrero cercenando, por ejemplo, a la "cultura", la "intelectualidad" o, si nos ponemos más pedantes, al "cognitariado" su carácter obrero para más tarde clamar por alianzas entre una reducida clase trabajadora y estos otros grupos presuntamente distintos. El necesario llamado a la unidad, a la creación de espacios políticos de convergencia que potencien la acción del Partido, no tiene por qué hacerse, claro, poniendo la palabra "obrero" o "comunismo" en el frontispicio de cada ámbito de participación. Esos términos solo son los adecuados en ausencia de otros mejores. Pero esto no puede significar ceder, por ejemplo, asumiendo conceptos que actúen como correlato al desclasamiento generalizado.

La amplitud de la lucha de clases, o el por qué más que "contradicciones secundarias" hay papanatas reaccionarios

El movimiento comunista, en según qué ambiente, tiene mala fama. Buena parte tiene que ver con la omnipresente propaganda liberal o conservadora, pero no todo. La capacidad de análisis y la línea de intervención de más de un acólito marxista-leninista ha puesto de su parte. Antes de pasar a hablar del Partido, o de la "vanguardia", hay que abordar el carácter reaccionario de muchas posiciones que simbólicamente están en nuestras filas. Solo así se puede llegar a otear lo extenso y vigoroso que continúa siendo nuestro partido.

Nos referimos a quienes gustamos llamar "reduccionistas de clase". Normalmente, por reduccionismo de clase se entiende la postura que trata de reducir (como quien reduce una salsa, evaporando lo superfluo o innecesario) todos los problemas a la "cuestión de la clase". En esta maniobra se amalgaman tramposamente dos movimientos. El más evidente es que se hace pasar por contingente todo lo que no incumba a la clase —reducción *a* la clase—, pero tras él se oculta un paso que lo precede, y que es el que lo hace verdaderamente nocivo. Lo que pasa inadvertido, y lo que por desgracia se ha convertido en usual a lo largo y ancho del espectro político, es la conversión de la clase en una cuestión de renta, en conjunción con factores relativos al modo en que se desempeña el trabajo —reducción *de* la clase—. Por clase trabajadora se entenderá un grupo homogéneo conformado mayoritariamente por asalariados relativamente empobrecidos y ubicados en empleos preeminentemente manuales. En la burguesía, por contra, se ubicarían los empresarios boyantes. En medio, las "clases medias" o la "(nueva) pequeña burguesía", amalgamas de multitud de posiciones que escapan de las bolsas anteriores. No pocos militantes conciben la acción revolucionaria de esta manera: el primer grupo sería el revolucionario, el segundo su enemigo y el tercero, en el mejor de los escenarios, su comparsa.

55

El problema radica en un hecho sutil pero de gran trascendencia política: se ata la clase al terreno de una también recortada "economía". El ámbito de la clase es aquel que incumbe al individuo abstracto al tratar de comprar o vender mercancías.

A partir de aquí, los dominios de lucha de clases se vuelven difusos y hasta arbitrarios: será una lucha de clases la de los obreros que quieren aumentar sus salarios, pero no la de las trabajadoras que buscan iguales emolumentos y oportunidades de ascenso que sus compañeros varones; cuando los asalariados ingleses hicieron huelgas por el derecho al voto y así insertarse plenamente en la condición de ciudadanía, estaban movidos por intereses clasistas, pero si los que pugnan son migrantes por conseguir la regularización, esto es, incorporarse a la ciudadanía, ya no; si los padres piden pagar menos por la educación de sus hijos, es lucha de clases, pero si son los propios estudiantes los que lo piden, una vez más, desaparece la clase. Lo mismo pasa con su reverso: si se habla de privatizaciones, tendrá lugar hablar de intereses de clase, pero si de lo que se trata es de recorte de derechos civiles, reproductivos o de minorías, se apelará a marcos diferentes. Todo lo que entra en un manido arquetipo se considera parte del glorioso movimiento obrero. De lo contrario, se hablará de, con suerte, "contradicciones secundarias", sin ella, de "desviaciones posmodernas".

El riesgo político, por otro lado evidente y ya muy sabido, de pensar que la contradicción (insistimos, reducida) de clase es la "principal" o la "fundamental" reside en relegar conflictos y sufrimientos que ocupan un lugar importante en nuestra sociedad… Y en nuestra clase. La lucha por los derechos de mujeres, de las personas LGBT o vindicaciones como las de la ecología, el bienestar mental o el movimiento vecinal se harán pasar por simbólicos, como si no afectaran directamente a las condiciones de vida de la población, o por subordinados, de modo tal que su resolución deberá postergarse a la hipotética resolución del primer conflicto. Premisas, cualquiera de ellas, que con buen criterio son hoy tajantemente rechazadas por los movimientos sociales. Este mecanicismo de viejo cuño y limitada popularidad convoca tiempos que desconoce o falsea, solo así se pueden borrar de un plumazo los vectores de género o raza, incluso climáticos, que latían tras las revoluciones del siglo XX. Todo ello para

56

perpetuar y hasta reactivar odios que, esos sí, son propios de los tiempos que tan impudorosamente reivindican. La jibarización del proyecto y del partido obrero es el correlato de la reducción de la clase y el subsiguiente ungimiento del macho socarrón e indolente como sujeto revolucionario.

Frente a todo esto hay que reafirmar que la lucha de clases concierne a la igualdad de género o por los derechos LGBT tanto como al conflicto sindical tradicional. Más aún, la pugna histórica por la construcción del socialismo es la lucha por construir una sociedad de seres humanos conscientemente libres e iguales, una en la que atributos productivos como la orientación sexual, el lugar de residencia, el género o el origen étnico no contribuyan en modo alguno a segmentar la fuerza de trabajo. Por ello, cualquier disputa, por aparentemente pequeña que sea, orientada a la erradicación de alguno de estos ejes de discriminación es un conflicto orientado, en el fondo, a la superación misma del capital como sujeto rector de nuestras vidas.

Eso pasa por enfrentamientos también al interior de nuestra clase (por ejemplo, con estos segmentos reaccionarios de los que se habla), pero no por ello pierde su condición de lucha clasista. Lo revolucionario es implicarse en los frentes abiertos, en los movimientos sociales y hacerlo siguiendo la tan leninista actitud de evitar el seguidismo, pero sin rayar en la deslealtad a los espacios de participación. Estos conflictos, más que romperla, hacen a la unidad: aspiremos a un frente unitario, clasista, que aglomere en torno a un proyecto político genuinamente obrero y que contemple las aristas y contradicciones que el proletariado contiene. Que sustituya las jerarquías artificiales por solidaridad. En definitiva: que se dote de las herramientas necesarias para la organización revolucionaria de toda nuestra clase. Sin dejar ninguna trabajadora atrás.

El Partido de la guerra, y de la victoria

No se puede dar por hecho que el modelo de partido que defendió el leninismo, el Partido, sigue hoy siendo la más útil herramienta para la clase trabajadora a la hora de emanciparse. Mucho ha llovido, y muy poco a gusto del bolchevismo en las últimas décadas. La pregunta decisiva, la que se debe formular para poner a prueba el modelo leninista de organización política es: ¿estamos en guerra?

Más atrás se dijo que Lenin supo ver que la democracia burguesa encubría la dictadura, y que la paz social camuflaba la guerra de clases. El sentido de guerra es prácticamente literal. El organizador de la revolución rusa defendió, especialmente en el II Congreso del POSDR, celebrado en el exilio en 1903, un tipo de organización que se caracterizaría como "de vanguardia". El término, de ecos castrenses (que comparte con "estrategia", "táctica", "camarada", "frente"...), hace referencia a la avanzadilla, una compañía de primera línea. El sentido era claro: debía crearse una estructura capaz de organizar y dirigir al ejército que constituiría lo que hemos llamado partido obrero en su contienda contra el estado burgués. No cabría esperar que el proletariado por sí solo y espontáneamente, acaso en su lucha por las mejoras salariales —la "lucha económica"—, tomara conciencia de la situación de explotación en la que vive. Mucho menos que se pertreche por sí solo de los medios para asaltar el poder. Era necesario un escuadrón disciplinado y profesionalizado en el sentido estricto de la palabra que aportara estos elementos confeccionando equipos especializados en tareas que van de la agitación ideológica al adiestramiento propiamente militar. Este grupo, que aquí preferimos entender como un órgano de la clase y no como una suerte de agente externo, debía organizarse de manera democrática, pero a la vez necesariamente centralista para garantizar la eficacia en la acción, he aquí la justificación del "centralismo democrático".

El centralismo democrático (¡ojo!, no la democracia centralista) tiene como premisa la necesidad de garantizar la cohesión del Partido. En la cultura política leninista se prima la "síntesis", los acuerdos superadores que alcancen consensos, pero si esto no se logra, prevalecen las posiciones de la mayoría. Las decisiones estratégicas se toman de abajo hacia arriba, modo en que también se eligen los órganos de dirección. Normalmente se celebran periódicamente congresos en los que se discute en base a documentos a través de un sistema de delegación. Los congresos, en el sistema ya clásico, eligen un máximo órgano de dirección (el Comité Central) y este a sus órganos de dirección más cotidiana (Buró Político y Secretariado), así como a la máxima autoridad (Secretaría General). Las estructuras

58

de base están perfectamente legitimadas a elevar cuanta propuesta o crítica consideren, sin deber ser sancionadas por ello, pero deberán acatar las decisiones de los órganos superiores, que irán rindiendo cuentas hacia abajo también de forma recurrente. La disciplina consciente, pilar del Partido, se asienta en la organicidad y la transparencia entre niveles.

Estos principios son variables, como lo son los diferentes escenarios de la guerra entre clases. No será lo mismo un momento de clandestinidad, que uno de apertura democrática o que uno en que el Partido ha logrado hacerse con el poder. Por eso no es de extrañar que el mismo Lenin experimentara cambios en ese sentido: sin duda no es lo mismo lo que se escribe en el *¿Qué hacer?* o en *Un paso adelante, dos atrás* que en *Sobre la reorganización del Partido*. De hecho, no fue hasta principios de la década de los veinte que se prohibieron formalmente las fracciones organizadas dentro del Partido (más tarde, ya en 1977, el centralismo democrático sería recogido constitucionalmente como principio rector no solo del PCUS, sino también del estado soviético).

Este tipo de organización acostumbra a tener fallas, siendo la más denunciada el burocratismo. La previsión, la rendición de cuentas o el registro permanente de la actividad puede lastrar las decisiones, hacerlas engorrosas, pero cuando no se lleva a cabo se puede caer en situaciones peligrosas. Si bien las lógicas burocráticas verticales fomentan la continuidad de la estructura al dejar poco margen a cualquier tentativa que pueda desestabilizarla, el exceso de informalidad otorga a los profesionales del aparato partidario —"fontaneros" en la jerga— un gran poder debido a la posición que ocupan. La información o los contactos se vuelven preciados recursos, una vez se asume el carácter relacional de una organización que no deja de ser un grupo humano; algo que se nota más cuanto más pequeña y desburocratizada está la estructura.

Pese a todo ello, está por ver que otros modelos, como el de "asambleas", "plebiscitos" o "primarias", no sean mucho más autoritarios. El centralismo democrático bien aplicado debería garantizar vías de participación a la militancia que se sostienen gracias a los contrapesos formales y a las estructuras sectoriales o territoriales intermedias. La elección directa, normalmente poco o nada deliberativa, de la dirección o la participación inmediata en la toma de decisiones mediante el voto, aparentemente más democrática, acostumbra a aislar a la afiliación. La aparta de las decisiones estratégicas, sumiéndola en la vorágine tacticista que dicta la "agenda". Puede que en momentos de gran afluencia se genere la ilusión de mayor participación, pero esta se desvanece cuando la ola pasa, entonces la euforia es sustituida por la rutina y el programa por el carisma del líder. Cuando el pretendido movimiento social deviene partido sin que las activistas se tornen militantes, se descubre la todavía mayor capacidad de mando del grupo dirigente ya constituido. No hay mayor indefensión que la provocada por la falta de mediación entre su persona y la cúpula.

El Partido leninista es mucho más que una plataforma electoral participativa. Más que un propósito electoral, que por supuesto puede tenerlo, tiene un fundamento organizativo. Sin aspirar a ser masivo, debe tener un tamaño que le permita transformar la sociedad —el atributo "de vanguardia" o "de cuadros" es plenamente cualitativo, no tiene que ver con la cantidad de militantes que pueda tener—. Para lograrlo se liga a la clase obrera *directamente*, creando núcleos de militancia en centros de trabajo o zonas, también difundiendo sus propuestas e información a través de sus medios de comunicación; y a través de *frentes* en los que se participa y mediante los cuales hace llegar sus posiciones (como "correas de transmisión", expresión tan repetida como controvertida). Ejemplos clásicos que, no obstante, merecerían un trato específico son el sindicato de clase, la organización de mujeres o la organización juvenil[5]. Por todo esto tiene

---

5.- No es fácil reconstruir un discurso coherente e integrado que recoja las características de la Juventud leninista. Quitando documentos congresuales o semejantes, más que obras sistemáticas, se encuentran docenas de discursos transcritos, pronunciados por los líderes soviéticos. En ellos se refieren al Komsomol usando diferentes expresiones según el momento: se habla tanto de una "punta de lanza" del Partido, como de su "batallón auxiliar" o su guarnición "de reserva". Locuciones que, más allá de su ya típico bagaje marcial, poco tienen en común. Tal vez el más consensuado punto de encuentro sea la necesidad de hacer de la Juventud una estructura para la intervención sobre la realidad de la juventud y, sobre todo, para el aprendizaje. Debía ser una organización enfocada a la formación. De ahí saldrían perfiles instruidos para fortalecer la causa comunista en general y el Partido en particular. Se trataría de una "escuela de cuadros", donde se adquirirían los conocimientos necesarios para ingresar en las mejores condiciones a las filas partidarias. Para lograr esta función, la Juventud debe gozar de cierta autonomía organizativa e independencia política. De ese modo podría adaptar la línea partidaria, y no solo trasladarla. Además de aprender la organización ejerciéndola sin tutelas, podría mantenerse al margen de los vicios y rencillas propias de la estructura más adulta. Como contraparte, el Partido conseguiría mantenerse separado de las dinámicas de la juventud, mucho más permeable a las tendencias y fluctuante en cuanto a su volumen de militancia, dependiendo de ciclos de movilización más volátiles. Ello teniendo en cuenta que, atendiendo a los clásicos, la Juventud, a diferencia del Partido, debería ser una organización "de masas", "numéricamente superior al Partido" (diría Dimitrov en "La Unión Juvenil Obrera debe ser una escuela de socialismo", de 1946).

sentido, aunque politólogos como Duverger o Sartori se rasguen por ello las vestiduras, que exista un Partido único, pues nada tiene esa organización que ver con los partidos burgueses y sí muchas tareas que asumir en las revoluciones victoriosas. Porque si el leninismo está pensado para algo es para enfrentar la guerra y ganarla.

El leninismo es, en ese plano, contrario al sentido común de buena parte de la izquierda política, que está cómodamente asentada en el fetichismo de la derrota o de la marginalidad. Si se asume el centralismo democrático es a sabiendas de que no es la más plena expresión de la libertad (formal) o la democracia (burguesa). El o la militante comunista está dispuesta a privarse de ciertas prerrogativas —irrenunciables para mucha intelectualidad autopercibida temerosa por su muy preciada autonomía personal— desde la convicción de que de ese modo se logrará una mejor herramienta para disputar y, al fin, conquistar el poder político. No es, en el fondo, un modelo abstracto de organización, al contrario: el Partido leninista se sostiene sobre las conclusiones estratégicas del estudio de una realidad concreta históricamente configurada. Pero también en base a la firme voluntad (determinada no menos históricamente) de victoria en aquel sentido preciso de derrocamiento del carácter burgués del estado.

La política como método. El método como política

Llegamos al final, y como remate nos proponemos sintetizar el modo en que podemos entender hoy el leninismo. No es una teoría, tampoco un conjunto de teorías, ni siquiera una ideología. Es un método devenido política, o viceversa.

Mientras que en Marx es difícil, más allá de consideraciones aquí y allá, encontrar desarrollos generales en relación al método a través del cual conoce y, por tanto, actúa, en Lenin pasa lo contrario. En casi todas sus polémicas está presente la cuestión de la dialéctica y del materialismo. En sus enfrentamientos con Bogdanov, Kautksy, Plejánov o Bujarin siempre se plantea la centralidad de este asunto que otros podrían haber reducido a algún tipo de premisa filosófica. Nada de eso. De hecho, está tan presente en su obra abiertamente polémica como en sus trabajos más sistemáticos.

Siendo precisamente en ellos donde se aprecia la profundidad del sentido que le da Lenin al problema del método y cómo se relaciona con su actividad política más inmediata.

En un artículo de 1920 titulado "Kommunismus" Lenin describió el "alma viva" del marxismo usando la ya muy popular fórmula de "análisis concreto de la situación concreta". Es de recibo detenerse en ella un momento para apreciar lo que significa. No se trata solo de tener que analizar cada situación, por ejemplo, antes de actuar, como a veces se ha usado. Es más que eso: a cada situación concreta le correspondería un "análisis concreto". No hay atajos a la hora de planificar la acción, no hay fórmulas mágicas o leyes inmutables que aplicar ciegamente, el mundo de la vida es testarudo a la hora de dejarse aprehender por esquemas preconcebidos. Hay que saber escapar del conato dogmático que nos lleve a cristalizar ciertas conclusiones, aunque esas las haya extraído el mismísimo Lenin mientras comandaba la primera gran revolución obrera de la historia. Para seguirle, habría que poner el rigor al menos a la altura de la inclemencia con el error propio o ajeno. Esto se aplica desde las cuestiones políticas más generales hasta las más singulares: de la confección de documentos formativos hasta el diseño de lemas o carteles.

Algo que llama mucho la atención al leer los artículos de Lenin, y en este caso lo mismo podría decirse de Marx o de Engels, es lo inflexible y hasta puntilloso que era en el análisis de las consignas. Estas son escudriñadas con un nivel de detalle que al profano pudiera parecer enfermizo. En realidad no es para menos, los cánticos, eslóganes y otras declamaciones son las píldoras más condensadas que el Partido traslada a su clase. Si no están a la altura, si son demasiado hueras o abstractas, pueden resultar inocuas y hasta dañinas, portando intereses de clase diferentes a los que se pretende. La "frase revolucionaria", como irónicamente la llamó Lenin, es peligrosa en tanto no se ciñe a la realidad sobre la que quiere incidir: rara vez es más revolucionaria la consigna más altisonante, sobre todo si se enuncia en el vacío. Además de tener buenas intenciones o rabia acumulada es importante saber leer el momento y canalizar sus potencias. El Partido debe saber tirar de la clase para hacerla avanzar, pero sin llegar a romper con ella, a riesgo de quedar aislado. Del mismo modo debe saber aguantar en momentos de reflujo, pero sin ser arrastrado, so pena de perder toda pulsión transformadora en pro del conformismo. De ser la política un arte, esta sería una de sus más delicadas obras.

Pero si decimos que el método exige renunciar a consideraciones abstractas, sería un error situar al leninismo como una suerte de posición investigadora al nivel de la dialéctica. Siguiéndola, deberemos aceptar que forma y contenido están orgánicamente ligados, de tal modo que el sentido del leninismo solo puede ser algo más preciso y anclado a una realidad histórica particular. En síntesis diremos que el *leninismo debe reconocerse como el despliegue práctico de las potencias de la clase trabajadora en guerra con la burguesía; siendo esta guerra un conflicto de índole mundial que toma la forma de conflictos nacionales genuinamente políticos, en los que el aparato estatal se perfila como su epicentro, y en los que el proletariado no dispone de mejor herramienta que el Partido.*

En este mínimo intento de proposición se trata de ensamblar los que son los tres grandes ejes que se han recorrido: imperialismo, estado y Partido. Fueron estos los elementos con los que Lenin, más que persona, producto del movimiento obrero de su época, pudo triangular las tensiones y (re)dirigir las fuerzas de la avanzadilla obrera hacia los ámbitos adecuados. Consiguió aislar a los adversarios y orientar la guerra mundial hacia la guerra civil revolucionaria. Su capacidad de comprender los diferentes aspectos de las contradicciones —como diría Mao— sobresalió no por su exquisito uso de las categorías marxianas, sino por el tino de contemplar a la vez y articuladamente las fuerzas que concurrían. Lo que hace especial a Lenin, y lo que por ende justifica que el leninismo merezca tal nombre, no son tanto sus momentos de extrema lucidez, que los tuvo, más bien la consistencia práctica de su pensamiento para con los intereses de su clase en cada momento. Ha habido expertos más precisos en su caracterización del capitalismo contemporáneo, pero ninguno que supiera poner a disposición de la clase obrera una tan sencilla panoplia de argumentos en una coyuntura tan especial. Su explicación del estado es profundamente deficiente, pero fue capaz como ninguna otra persona de ofrecer claves que en la práctica se demostraron certeras de cara a la transición al socialismo. Aunque no siempre estuviera en lo correcto, puso su intelecto a disposición de la organización colectiva partidaria de la clase trabajadora.

El leninismo, como el pensamiento de Marx, no es imperecedero. Una vez superada la realidad a la que se adhiere indisolublemente, este deberá ser superado. Por suerte o por desgracia, no estamos en ese escenario. Hay un amplio margen de desarrollo para el leninismo, lo cual se evidencia en el ámbito organizativo. El Partido (independientemente de las siglas a las que se haga referencia) continúa tercamente atado al ámbito nacional; apenas hay dispositivos científico-formativos que contribuyan a una elaboración programática a la altura y, paulatinamente, al necesario paso de una "dirección consciente" a una clase obrera consciente de su dirección; en el plano operativo, la debilidad organizativa permite que la disciplina sea tan afirmada cuando acompaña a los propios intereses como soslayada cuando no lo hace. La solución no pasa por lanzarse a los brazos de la enésima tentativa populista sin mirar atrás. Más bien por fortalecer organizativamente el proyecto comunista y, colectivamente, avanzar hacia la revolución. Sin miedo a la autocrítica, y mirando por nuestra clase, el partido obrero vencerá.

¿Qué leer?

Cerraremos este libro ofreciendo algunas referencias que pueden ser de agrado para el o la lectora interesada en profundizar en los temas abordados previamente. Se ofrece solo una selección —ordenada simplemente de manera alfabética— de textos que aspira a ser variada, en la que podrán encontrarse visiones muy diferentes, que ayuden a salir de cualquier canon. No señalaremos editorial o año, pues la mayoría pueden encontrarse fácilmente y sin cambios muy destacados en las diferentes ediciones.

No se van a recomendar obras escritas por Lenin, tampoco de la mayoría de sus coetáneos bolcheviques. Cualquiera de ellas, al menos de las ya mencionadas, es digna de leer. Todas, también las de sus polemistas y camaradas (como según el momento lo fueron Trotsky o Stalin), pueden ser provechosas y a la vez ninguna debe leerse como lo hacen los devotos con los textos bíblicos. Nos contentaremos con recomendar enfáticamente huir de las compilaciones temáticas y tener cuidado con las obras escogidas. La simple yuxtaposición de textos induce a pensar que existe una total coherencia a lo largo de la trayectoria del autor, o que este mismo era un experto de todo lo que escribía (incluyendo temas tan alejados como la literatura o la emancipación de la mujer); por otro lado, los criterios de selección rara vez son claros y rigurosos. Léase a Lenin, a todo Lenin, sus libros y sus artículos, al que nos reafirme en lo que pensamos y al que rechace nuestras ideas. Pero léaselo siempre para usarlo. Sin más, pasemos a textos más modernos.

Astarita, Rolando: *Monopolio, imperialismo e intercambio desigual.* Una dura pero en muchos puntos necesaria crítica a la propuesta económica, y por tanto política, de Lenin. Sin renunciar al rigor, es una obra muy accesible, como lo es todo lo que escribe en su blog personal. Imprescindible para toda persona que desee poner sanamente en cuestión la obra leniniana.

Bambirra, Vania y Theotonio dos Santos: *La estrategia y la táctica socialistas de Marx y Engels a Lenin.* Bastante sistemático en sus análisis —aunque también muy deudor de su época— es de las mejores maneras de acercarse al Lenin más "político". Esos mismos autores (junto a Ruy Mauro Marini y otros) convienen también ser leídos como impulsores de la teoría marxista del imperialismo, a la que, pese a sus desaciertos, debemos un claro enriquecimiento del pensamiento marxista.

Boccara, Paul y otros: *Tratado marxista de economía política.* Un extenso intento por aplicar los análisis económicos leninistas, a través del concepto de "capitalismo monopolista de estado", al periodo de postguerras. Su redacción es el resultado del trabajo conjunto de la nutrida sección económica del Comité Central del Partido Comunista Francés.

Bonnet, Alberto y otros (editores): *Estado y capital.* También es una antología, esta vez del "debate alemán de la derivación". Seguramente sea la más robusta alternativa a las teorías marxistas clásicas y modernas del estado (más allá de la disyuntiva entre Miliband y Poulantzas, pero sin caer en el pluralismo como Jessop). No todas las contribuciones están a la misma altura, pero la selección ayuda a apreciar los matices y la complejidad del asunto.

Borón, Atilio: *Imperio & imperialismo.* Una crítica feroz a la propuesta de Hardt y Negri y toda una puesta al día del pensamiento de Lenin. No hace falta compartir todos los argumentos para entender el valor genuinamente político de la propuesta, más aún en el contexto que la formula. Es extremadamente leninista en el mejor sentido del término.

Budgen, Sebastian, Stathis Kouvelakis y Slavoj Zizek (editores): *Lenin reactivado.* Es un libro compuesto de capítulos muy desiguales entre sí. Varios muy prometedores, aunque no todos cumplen. En él desfilan autores de la talla de Anderson, Badiou, Balibar, Bensaïd, Callinicos, Jameson,

Losurdo o Negri. En general puede servir para hacerse una idea de por dónde van los conatos por revivir a Lenin que lleva a cabo la "flor y nata" de la academia marxista.

Carr, Edward Hallet: *La revolución rusa*. Carr es uno de los más destacados historiadores de la URSS. El libro que se recomienda abarca tan solo un periodo, que describe de manera ágil y precisa, pero si se busca algo más amplio, pueden consultarse los cuatro volúmenes de su *Historia de la Rusia soviética*. Aunque ya tiene unos años, la documentación utilizada lo mantiene como un referente en la materia.

Chattopadhyay, Paresh: *The Marxian Concept of Capital and the Soviet Experience*. Esta es una de las varias obras en que el autor analiza la noción de socialismo en Marx y la contrapone, de manera muy crítica, a Lenin y al leninismo. Es muy interesante leerlo para aproximarse a la experiencia soviética. Muchas de sus ideas pueden encontrarse en traducciones al castellano presentes en libros colectivos.

Cunhal, Álvaro: *El Partido con paredes de cristal*. Escrito por el más importante líder comunista luso, es un decálogo de nociones muy lúcido, preciso y asequible. No hay mejor lugar para acercarnos a lo que significa, por ejemplo, el centralismo democrático. También incorpora valiosos consejos y normas que no estaría de más incorporar a la discusión en el ámbito organizativo, como su famosa "regla de oro".

Dalton, Roque: *Un libro rojo para Lenin*. El texto incluye, en un formato sugerente varios escritos que contribuyen a homenajear al prócer de la revolución soviética. Muchos de ellos de carácter poético, contribuyen a ensalzar su legado y dar una buena muestra de su impacto más allá de los países occidentales.

Fernández Buey, Francisco: *Conocer Lenin y su obra*. Aunque no propone el mismo Lenin que hemos tratado de dibujar, se trata un libro muy esclarecedor. Muestra un personaje y obra contradictorio, pero lúcida, atendiendo a buena parte de su trayectoria y profundizando en algunos aspectos importantes.

Kohan, Néstor (editor): *Teorías del imperialismo y la dependencia*. Como se comentó, las teorías de Lenin han sido bastante criticadas por la propia academia marxista. Aquí se encontrará una ferviente defensa de la misma con bastante rigor y de la mano de intelectuales muy consolidados.

Krupskaia, Nadeshda: *Mi vida con Lenin*. Libro de la que fue una destacada revolucionaria soviética y, por muchos años, pareja de Vladirmir Ilich. No muy útil en lo que se refiere al estudio sistemático de la vida y obra de Lenin (para ello puede verse, por ejemplo, la biografía de Gerald Walter: *Lenin*), pero sí para encontrar una persona detrás del símbolo.

Lukács, Georg: *Lenin, la coherencia de su pensamiento*. Un texto fantástico que representa un antes y un después en la obra del autor. Pese a estar escrito sin la perspectiva que da el tiempo, condensa perfectamente mucho de lo valioso que hay en el pensamiento del revolucionario soviético.

Ponomariov, Boris y otros: *Compendio de historia del Partido Comunista de la Unión Soviética*. Buque insignia de la propaganda soviética, sirvió durante años como forma de introducción al marxismo-leninismo y a todo lo que este conlleva. Dejando de lado una evidente falta de refinamiento, no está de más pasearse por sus páginas para ver cuál era la propuesta de la URSS en uno de sus periodos de mayor esplendor. Puede ser una buena puerta de entrada al diamat, corriente hoy muy desdeñada que bien merecería un trato más justo por parte del marxismo contemporáneo.

Rodríguez Rojo, Jesús: *Cuestión de clase*. Si se tiene curiosidad por un desarrollo más pleno de muchos de los argumentos expuestos, también más complejo por lo que se refiere a su propósito inicial como tesis doctoral, puede verse nuestro anterior libro. En el fondo puede resultar muy complementario a este, pues aunque su posición política es explícita, queda más diluida entre las diferentes cuestiones que se abordan.

Epílogo:
La doble recuperación de Lenin

MARGA FERRÉ

Lo que no le perdonan a Lenin, como a Fidel, no es que hiciera una revolución, sino que la ganara. Había que enterrarlo bajo los escombros del Muro de Berlín para demoler, como las estatuas caídas, su precioso capital simbólico: la poderosísima idea de que se puede disputar el poder al capital.

Coincidirán conmigo en que este libro, este manual de uso, no se conforma con recuperar a Lenin (para eso hubiera bastado una hagiografía) sino que al recuperar el leninismo de donde quisieron enterrarlo, también lo baja de los pedestales donde otros lo petrificaron. Esa doble recuperación es necesariamente dialéctica e incómoda, dos palabras que me encantan porque desafían, por un lado, el relato dominante del fin de la historia y, por otro y aún más interesante, porque desarma el leninismo fetiche, por antidialéctico e inútil.

Ha tenido que llegar un joven marxista de 30 años para, al hacer las preguntas correctas desde su mirada inmersa en las contradicciones de nuestro tiempo, reverdecer el corpus teórico del leninismo. Para una marxista con décadas en las espaldas como yo, me llena de alegría y ganas de luchar y es desde ese lugar (las ganas de luchar) desde donde les propongo esta aportación sobre las que ya hace el libro, centrándome en lo que creo relevante para los debates de hoy. Empecemos por el principio:

1. ¿Qué es la clase trabajadora?

Jesús lo deja claro: la clase no es una cuestión de renta. Somos o no clase trabajadora por el lugar que ocupamos en el sistema de producción capitalista, lo somos si tenemos que vender nuestra fuerza de trabajo, es decir, si somos mercancía que compran, venden o desechan los propietarios de los medios de producción; independientemente de la retribución que recibamos por ello, lo creativo o no que sea ese trabajo o los niveles de explotación que nos exijan. Y, por supuesto, somos clase trabajadora seamos o no conscientes de ello: no es una categoría voluntaria, sino la forma en la que nos organiza el capital para extraer plusvalor.

Aclarado esto, nos encontramos con dos reduccionismos de la clase que parecen contrapuestos, pero que no lo son tanto: uno, la narrativa cultural de la clase dominante que pretende hacernos a todos de clase media para negar el conflicto de clases, y otro, que considera que clase trabajadora son solo los trabajadores manuales, normalmente hombres y con mono azul. Puro reduccionismo que niega la clase tal como es hoy y que, por cierto, les hace un flaco favor a los trabajadores manuales hombres que en mi experiencia no son, ni de lejos, como esa narrativa obrerista, xenófoba y machista pretende.

Lo que ambos reduccionismos persiguen es negar que la mayoría de la población puede englobarse en la clase trabajadora. Es decir, somos muchos: una cantidad amenazante; tan variada como individuos la componen, me atrevería a decir y por ello, reducirla o fragmentarla para enfrentarla entre sí es algo que deberíamos evitar ya que eso es, precisamente, lo que el capital pretende para explotarnos mejor y con menos resistencias.

2. ¿Desviaciones posmodernas? El conflicto hace la unidad

Los que olvidan intencionadamente los defensores del neoliberalismo y los que reducen la clase a conflictos laborales, es que el capitalismo es un sistema que acumula capital sobre la explotación de hombres y mujeres, sí, pero también sobre la extracción y expolio de recursos naturales. No hay nada más materialista que la ecología que entiende los límites planetarios a la extracción infinita que el capital pretende. El capitalismo odia esos límites y por eso, la lucha ecológica es absolutamente central para imaginar y construir mundos no capitalistas, más justos y habitables.

Habiendo dejado claro este manual lo que es la clase, Jesús da un paso más y resignifica, como por otra parte es obvio, la riqueza de la lucha de clases y que esta *concierne a la igualdad de género o por los derechos LGBT tanto como al conflicto sindical tradicional*. Lo hace porque entiende que la discriminación hacia las mujeres, las personas racializadas (el diferente, el otro, ese a quien puedo despreciar e incluso odiar) o cualquier otra discriminación, son constructos culturales que persiguen degradar a un grupo de seres humanos para explotarnos más y con permisividad social. Prueba de ello es que los migrantes y las mujeres somos más baratos en todo el planeta; incluso hacemos trabajo gratis.

Por eso recuperamos el leninismo que es más que la prevalencia de la lucha de clases, al no defender una teoría negativa (estar contra algo) sino que propugna la construcción del socialismo como realidad tangible, no como horizonte teórico. La aspiración del socialismo, como nos recuerda Jesús, *es una sociedad de seres humanos conscientemente libres e iguales*, por lo que toda lucha que nos haga más libres e iguales forma parte de esa inmensa y preciosa lucha de clases para construir un mundo sin ellas. Por eso, este leninismo del siglo XXI que el autor reverdece, propugna que es *el conflicto lo que hace unidad, a través de la construcción de sólidas relaciones de solidaridad*. De ahí que defienda, como yo hago, un frente unitario que aglomere las aristas y contradicciones que la clase contiene, en su enorme riqueza.

No se trata, pues, de entender que la "contradicción principal" es siempre la laboral y lo demás "contradicciones secundarias", como los reduccionistas de clase pretenden, sino comprender que las contradicciones Capital/Trabajo, Capital/Vida, Capital/Planeta serán o no principales o secundarias dependiendo de la realidad concreta en que se desarrollen y la forma que adquiera la lucha de clases en cada momento y lugar. Eso es Lenin.

3. Es la clase, no la nación

En tiempos de guerra, cuando la narrativa omnipresente describe el mundo como una competencia entre naciones, de la que se derivan las sub-

71

secuentes reacciones nacionalistas, el terreno está abonado para borrar la lucha de clases bajo la apelación a la nación como contenedor de una supuesta identidad unívoca que, por definición, es homogeneizadora y autoritaria.

Por ello, recordar, como hace el autor que la "contradicción fundamental", *que dirían los clásicos, no es la dominación que ejercen unos estados sobre otros, sino la explotación que común y sistemáticamente lleva a cabo una clase social sobre otra, a un lado y otro de cualquier frontera.*

Rescatar el mejor leninismo, el que analiza el imperialismo, es imprescindible, incluyendo las puntualizaciones críticas que el autor hace a los escritos de Vladimir Illich. La más relevante es la que cuestiona que hoy el imperialismo use las mismas formas de rapiña colonial que cuando Lenin lo estudió, puntualizando que las crecientes necesidades de valorización parecen haberse saldado mucho más a través de la intensificación y perfeccionamiento de la explotación sobre la clase obrera mundial que por la vía del pillaje colonial. O la afirmación de que la inversión extranjera conlleva irremediablemente la subordinación política, algo que tras el ascenso de China queda al menos, muy matizado. Dicho esto, que no es menor, Lenin nos sirve para entender el colonialismo moderno como un rasgo propio del capitalismo, lo que nos lleva a concluir, y créanme que esto es relevante, que la geopolítica sin analizar cómo opera el capital, no sirve para nada.

Si no analizamos el imperialismo desde esos parámetros, nos encontramos con que incluso parte de la izquierda tenga tentaciones nacionalistas que los lleva a atacar la inmigración o defender valores nacionales y hasta civilizatorios de una Europa en decadencia. Y, asenso contrario, la vindicación nacional frente al imperio y Occidente puede llevar a la justificación o apoyo a regímenes que explotan a su clase y su pueblo y que nada tienen que ver con una posición de enfrentamiento al capital, ni con la construcción del socialismo.

Así que repitámoslo: un minero del Congo, una repartidora en Argentina, un estibador en Noruega y una oficinista en la India, somos la misma clase. Deberíamos reforzar aun más nuestras relaciones de hermandad y no dejarnos convencer por quienes quieren que la norma del mundo sea guerra entre pueblos y paz entre clases. Por ello, compartiendo profundamente este razonamiento, resalto una de las frases más poderosas y bellas de este libro en tiempos de guerra: lo revolucionario es pedir la paz.

4. Pensar como Lenin en tiempos neoliberales

Uno de los cambios que trajo consigo de la globalización del capital y el neoliberalismo que lo sustenta, fue convertirnos a todos y a todo en mercancía global, ahondando la división internacional del trabajo en su rastrera búsqueda de trabajo barato y la depredación de recursos. Por ello, la propia lucha de clases también ha cambiado, abriendo nuevas y esperanzadoras brechas:

Aunque en este libro no se mencione, Marx, el decrecimiento comunista, la teoría de los cuidados, feminismos radicales, las propuestas de los bienes comunes, cómo organizar la economía para frenar el cambio climático, son propuestas que hacen que el concepto de planificación, el control sobre esa planificación (es decir nuevas formas de democracia) y la disputa sobre el futuro (la Utopía ha vuelto) empiecen a estar en el centro de los debates para superar el capitalismo. Beyond capitalism (más allá del capitalismo) o post-capitalismo, son hoy tendencias en la académica crítica y en parte de los movimientos y sindicatos, y lo son porque es obvio que el capital, como máquina de explotación humana y monstruo devorador de recursos, nos está llevando al desastre, no solo ecológico, sino al reino de la desigualdad y el control distópico de las Big Tech.

Frente a su distopía, ese imaginario en el que no hay futuro fuera del capitalismo que no sea el Armagedón, ha surgido en los márgenes de la política-mercadotecnia una miríada de pensamientos y acciones desafiadoras a lo largo y ancho de todo el planeta, globales, como el capital al que desafían.

Es decir, la lucha de clases se está extendiendo y por ello, como destaca Jesús, aprender del leninismo es útil, porque *cuando la propia lucha de clases arrasa con los esquemas preconcebidos y los lugares comunes, no queda otra opción que reinventarse*. Usar, como resume Michael Brie en sus "Siete razones para no dejar Lenin a nuestros enemigos", la dialéctica y análisis de época que Lenin hizo en su tiempo para entender, en su raíz más

73

profunda, que para ganar tenemos que partir del análisis concreto de la realidad concreta.

5. La política como método, ganar como objetivo

Para construir el socialismo desde la realidad concreta de nuestro siglo, hay que resignificar palabras que los vientos neoliberales destrozaron en los últimos 40 años. Romper los moldes para redescubrir, resignificar o volver al significado original, de palabras cargadas de sentido en la construcción de un futuro más allá del capitalismo.

Extramuros del poder político ya se está haciendo, así que contribuyamos a repensar el Estado (la planificación económica y ecológica), la democracia (política, social, económica y profundamente igualitaria) y el partido (la forma de construcción política de la clase), desde el convencimiento y la voluntad de ganar.

El método es la dialéctica (opuesta por definición al dogma) y no hay atajos, ni mapas, ni modelos, sino pensar como lo hacía Lenin:

"Imaginar que la revolución social es concebible sin revueltas de pequeñas naciones en las colonias y en Europa, sin explosiones revolucionarias de secciones de la pequeña burguesía con todos sus prejuicios, sin un movimiento de las masas proletarias y semiproletarias políticamente no conscientes contra la opresión de los terratenientes, la iglesia y la monarquía, contra la opresión nacional, etc., imaginar todo esto es rechazar la revolución social. Es pensar que un ejército se planta en un lado y dice 'estamos por el socialismo', en el lado contrario otro dice 'estamos por el imperialismo' y eso es una revolución social. Quien espere una revolución social 'pura' nunca vivirá para verla".

Para los que sí queremos verla, Lenin siempre es útil, como lo es este *Usar a Lenin* que propone y, a veces, solo apunta, ideas y análisis que otras y otros tendrán que profundizar.

Es una invitación.

Marga Ferré

Madrid, febrero de 2024.

74